ISLAMISCHE KERAMIK

ISLAMISCHE KERAMIK

Martina Müller-Wiener

MUSEUM FÜR KUNSTHANDWERK
FRANKFURT AM MAIN

IMPRESSUM

Herausgegeben vom Museum für Kunsthandwerk
im Auftrag des Dezernats für Kultur und Freizeit
Frankfurt am Main

Bearbeitung, Redaktion und Übersetzungen:
Martina Müller-Wiener

Gestaltung: Christiane Riemann

Fotografien: Rudolf Nagel

Zeichnungen: Eva Hofmann

Technische Gesamtherstellung:
Hassmüller KG Graphische Betriebe, Frankfurt am Main

ISBN 3-88270-078-5

INHALT

VORWORT

Mit dem Katalog Islamische Keramik setzt das Museum für Kunsthandwerk die Reihe der Bestandskataloge fort, die bestimmte abgegrenzte Gebiete innerhalb der Sammlung dokumentieren. In den vergangenen Jahren sind bereits große Sammlungszusammenhänge erfaßt und wissenschaftlich bearbeitet worden, so Europäische Fayencen, Europäische Möbel, Deutsches Porzellan, Europäisches und Außereuropäisches Glas, Modernes Glas, Silber, Ornament und Entwurf, Bestecke (Messer, Gabel, Löffel) und schließlich Chinesisches Porzellan.

Während die europäischen Objekte jetzt sehr gut publiziert sind, gibt es bei den islamischen und ostasiatischen Beständen noch Lücken zu schließen. Der nunmehr vorliegende neueste Band ist der islamischen Keramik gewidmet, die mit fast zweihundert Objekten einen großen Sammlungskomplex darstellt.

Die umfangreiche Sammlung islamischer Keramik des Museums für Kunsthandwerk kann auf eine mehr als hundertjährige Geschichte zurückblicken. Im Jahr 1884 kam als erstes Beispiel islamischer Keramik der im Katalog unter der Nr. 115 aufgeführte türkische Iznik-Teller in den Besitz des Museums. Zusammen mit zwei weiteren Stücken wurde er als Geschenk an das Haus gegeben. Von diesem Zeitpunkt an sind in regelmäßiger Folge weitere Neuzugänge zu verzeichnen gewesen. Ein Großteil der Bestände wurde jedoch in den Jahren zwischen 1956 und 1962 erworben. Nach 1945 hatten sich in Frankfurt bedeutende Händler islamischer Kunst angesiedelt. Es war dabei ein Glücksfall, daß der damalige Direktor Peter Wilhelm Meister als besonderer Liebhaber und Kenner der islamischen Kunst ausgewiesen war und daher auch den Angeboten stets aufgeschlossen gegenüberstand. Zudem waren in den sechziger und frühen siebziger Jahren die Preise noch im Lot und Ankaufsmittel aus verschiedensten Quellen meist ohne großes Aufheben zu beschaffen. Auch in der Folgezeit haben gezielte Ankäufe den Bestand weiter vermehren und vorhandene Lücken schließen können. Umfangreiche Neuzugänge in Form von Stiftungen aus Privatbesitz, wie sie die Sammlung chinesischen Porzellans wiederholt zu verzeichnen hatte, waren im Bereich der islamische Keramik eine Ausnahme, da die islamische Keramik in Deutschland – im Gegensatz zu den angelsächsischen Ländern – nur in geringem Ausmaß das Interesse von Privatsammlern genießt.

Seit der Eröffnung des Erweiterungsbaus im Jahre 1985 konnte endlich dauerhaft ein großer Teil der Sammlung islamischer Keramik in der ständigen Ausstellung präsentiert werden. Exemplarische Beispiele aus den Kernländern der islamischen Welt geben einen Überblick über die Entwicklung der islamischen Keramik in der Zeit zwischen dem 9. und 19. Jahrhundert. Im Kontext der übrigen Abteilungen ist die Sammlung islamischer Keramik speziell im Hinblick auf die Rezeptionsgeschichte europäischer Keramik und chinesischen Porzellans von besonderem Interesse. Einen besonderen Sammlungsschwerpunkt bildet daher die frühe, im Irak und Iran entstandene Keramik des 9. und 10. Jahrhunderts. Hier interessieren vor allem die technischen Neuentwicklungen, wie die opake Zinnglasur oder der Lüsterauftrag, die auf die Entwicklung der europäischen Keramik einen entscheidenden Einfluß hatten. Ohne diese islamischen Vorbilder wäre die Entwicklung der italienischen Majolika der Renaissance wie in Deruta oder der spanischen Lüsterfayencen undenkbar. Eine weitere Neuentwicklung muslimischer Töpfer war der in Kobaltblau auf Weiß gemalte Dekor. Das Verfahren wurde in der Folge von chinesischen Töpfern übernommen und in der Entwicklung des klassischen Blau-Weiß-Porzellans zu höchster Vollendung geführt. Dieser Weg führte bekanntlich wiederum zur Delfter Ware und zur blau-weißen deutschen Fayence von Hanau und Frankfurt, Berlin und Ansbach.

Einen weiteren Sammlungsschwerpunkt bildet die persische Keramik des 12. und 13. Jahrhunderts, die vor allem mit zahlreichen, in Kaschan entstandenen Lüsterkeramiken vertreten ist, aber auch besonders exquisite und seltene Stücke wie Kat. Nr. 52 zeigt. Besonders reich vertreten ist schließlich auch die persische Keramik des 17. Jahrhunderts, die speziell bei den Blau-Weiß-Keramiken deutliche Wechselbeziehungen zwischen Ost und West erkennen läßt.

Der vorliegende Katalog soll den Bestand islamischer Keramik des Museums für Kunsthandwerk wissenschaftlich erfassen und einordnen. Auch solche Stücke, die vorübergehend nicht in der Dauerstellung zu sehen sind, werden auf diesem Wege einem wissenschaftlich interessierten Publikum zugänglich gemacht. Zugleich soll der Katalog auch dem Laien eine kurze Einführung in die Geschichte der islamischen Keramik geben und die Besonderheiten einzelner Stücke aufzeigen und erklären. Einen weiteren Beitrag zum besseren Verständnis liefert der Anhang mit einem Glossar der wichtigsten Fachausdrücke, den Übersetzungen der Inschriften, einer Dynastientafel und einer ausführlichen Bibliographie.

Die langwierigen Vorarbeiten für einen längst fälligen Bestandskatalog der islamischen Keramik hat 1991 die frühere Kuratorin der islamischen Abteilung, Frau Dr. Dorothea Rohwedder in die Wege geleitet. Ihr gebührt Dank für die erste, oft mühevolle Aufarbeitung der Unterlagen und die vorbereitende Katalogisierung sowie die Fotoarbeiten, die Rudolf Nagel mit künstlerischer Einfühlung herstellte. Die Zeichnungen fertigte Eva Hofmann an.

Schließlich hat Dr. Martina Müller-Wiener, die zuvor bereits am Museum für Kunsthandwerk wissenschaftlich tätig war, die Unterlagen kritisch gesichtet und nach einer Bearbeitung der Objekte den gesamten Katalog erstellt. Für diese keineswegs leichte Aufgabe, die durch die Dechiffrierung der Inschriften erschwert wurde, möchte ich meine Anerkennung und meinen herzlichen Dank aussprechen.

Besonderer Dank gebührt auch dem Kunstgewerbeverein in Frankfurt/Main e. V., dessen finanzielle Unterstützung die Realisierung dieses Projektes erst ermöglichte.

Möge dieser Katalog dazu beitragen, das Interesse an islamischer Kunst, die neben Frankfurt in erreichbarer Nähe nur noch in Köln oder Stuttgart eine wissenschaftliche Bleibe hat, neu zu wecken und weiter zu vertiefen.

Dr. Arnulf Herbst
Direktor des Museums für Kunsthandwerk
Frankfurt am Main

ZUR GESCHICHTE DER ISLAMISCHEN KERAMIK

Die Rohstoffe und ihre Verarbeitung

Bis in das 12. Jahrhundert wurden Gefäßkeramiken und Fliesen aus einfachen Töpfertonen hergestellt, die nach dem Brennen einen gelblichen bis rötlichen, porösen Scherben aufwiesen. Die Qualität des Scherbens variierte stark, je nachdem welches Rohmaterial erhältlich war und wie sorgfältig dieses verarbeitet wurde. Einfache Gebrauchskeramiken wie Wasser- und Vorratsgefäße werden bis heute aus solchen Töpfertonen hergestellt. Die Formgebung erfolgte mittels der fußbetriebenen Töpferscheibe, auf der runde Gefäße wie Teller, Schalen oder Krüge gedreht wurden. Kompliziertere Formen konnten in mehreren Arbeitsgängen mit Hilfe von Formschalen hergestellt und dann zusammengesetzt werden.

Zu Beginn des 12. Jahrhunderts wurde im Iran eine neuartige keramische Masse entwickelt, die zu 60%–80% aus Quarz, zu ca. 10% aus weißem Ton und zu ca. 10% aus Fritte (aus Rohstoffen zusammengeschmolzenes und anschließend gemahlenes Glas) bestand. Die entscheidende Qualitätsverbesserung, die diese Keramik kennzeichnete, war der weiße, harte, kaum poröse Scherben. Allerdings eignete sich die Quarz-Ton-Fritte Masse nur schlecht für die Verarbeitung auf der Töpferscheibe, so daß man vorwiegend mit Formschalen arbeiten mußte.

Etwa zeitgleich mit dem Aufkommen der neuen Quarz-Ton-Fritte Keramik wurde auch eine verbesserte Glasur entwickelt. Bis in das 12. Jahrhundert hinein hatte man in der islamischen Welt vorwiegend mit Bleiglasuren gearbeitet, das heißt mit Glasuren denen man Bleioxid zusetzte, um den Schmelzpunkt der Glasurmasse herabzusetzen. Der Nachteil der Bleiglasuren bestand darin, daß Farben, die man unter der Glasur aufgetragen hatte, dazu neigten zu verschwimmen, ein Effekt, der bei einer Gruppe abbasidischer Keramiken bewußt gestalterisch eingesetzt wurde. Ab dem Beginn des 12. Jahrhunderts setzte sich dann die Alkaliglasur durch, der Alkalioxide anstelle von Bleioxid als Flußmittel zugefügt wurden. Der große Vorteil einer Alkaliglasur ist der, daß unter der Glasur aufgetragene Farben in der Regel nicht verschwimmen.

Beide Arten der Glasur – Bleiglasur und Alkaliglasur – können durch Hinzufügen bestimmter Minerale getrübt oder eingefärbt werden. Um eine Glasur einzutrüben, verwendete man Zinnoxid, das aus Malaysia und Burma importiert wurde. Eine andere Möglichkeit bestand darin, Alkaliglasuren bei niedrigen Temperaturen zu brennen, so daß zahlreiche ungeschmolzene Glasurbestandteile eine Trübung bewirkten. Durch den Zusatz von Zinnoxid getrübte Glasuren wurden in der islamischen Welt bereits im 9.Jahrhundert entwickelt, häufig in Kombination mit farbiger oder lüstrierender Bemalung. Auf dem Umweg über das islamische Spanien gelangte die Kenntnis dieser keramischen Technik im 15. Jahrhundert nach Italien und regte dort die Entwicklung der als Majolika bekannten, zinnglasierten Ware an. Zum Einfärben von Glasuren werden Metalloxide verwendet, die den hohen Temperaturen beim Brand widerstehen, ohne sich zu zersetzen. Bei entsprechender Präparierung können diese Metalloxide auch als Malfarben verwendet werden, die unter der Glasur, in die Glasur oder auf die Glasur aufgetragen werden.

Unterglasurdekore werden vor dem Glasieren auf den Scherben aufgetragen. Die Entwicklung dieser Technik begann im 10. Jahrhundert im Nordosten des Iran. Als Malfarben verwendete man zunächst Tonaufschlämmungen, denen die färbenden Metalloxide direkt zugegeben wurden. Anschließend wurden die Stücke mit einer transparenten, farblosen Glasur überzogen. Ab dem 12. Jahrhundert ging man dazu über, die färbenden Metalloxide zunächst mit Quarz oder Tonerde zu vermischen und zu glühen. Die dabei entstandene Schlacke wurde anschließend mit einem „Feuerkitt“ vermengt, der das Festbrennen der Farbkörper auf dem Scherben bewirkte. Die so aufbereiteten „echten“ Unterglasurfarben ließen sich feiner auftragen und neigten weniger dazu, in die Glasur auszulaufen.

Inglasurfarben werden auf die ungebrannte, angetrocknete Glasur aufgemalt und sinken beim Brand in die Glasur ein ohne zu verlaufen. In der islamischen Keramik wurde die Inglasurtechnik erstmals im 9. Jahrhundert angewendet. Schalen, die in ihrer Form und Farbe aus China importierte Keramiken nachahmten, wurden mit einem kobaltblauen Dekor versehen, der auf eine weiße, deckende Zinnglasur aufgetragen wurde.

Ebenfalls in das 9. Jahrhundert ist die Entwicklung der Aufglasurtechnik zu datieren. Bei diesem Verfahren wird mit speziellen Farben auf die bereits gebrannte Glasur gemalt. Diese Farben werden anschließend bei einem zweiten Brand bei niedrigeren Temperaturen auf der Glasur festgebrannt. Im 9. und 10. Jahrhundert waren es metallisch glänzende Lüsterfarben, die in Aufglasurtechnik verarbeitet wurden. Vereinfacht gesagt handelt es sich bei Lüsterfarben um eine Mischung von Silber- und Kupferoxiden, die mit gelbem Ocker und Essig oder Sirup vermischt auf die Glasur aufgetragen werden. Anschließend muß die bemalte Keramik 72 Stunden bei reduzierter Sauerstoffzufuhr gebrannt werden. Bei dieser Art des Brandes wird den Silber- und Kupferverbindungen der Lüsterfarben der Sauerstoff entzogen, und sie werden zu metallischem Silber und Kupfer reduziert, die das Gefäß mit einer hauchdünnen, glänzenden Metallschicht überziehen. Eine besondere, sehr aufwendige Form des Aufglasurdekors weisen persische Keramiken des 12. und 13. Jahrhunderts auf. Für die farbenfrohen figürlichen und ornamentalen Dekore der Minai-Keramiken (arabisch mīnā'ī = emailliert) wurden Aufglasurfarben in Kombination mit Unterglasurfarben verwendet.

Eine andere Möglichkeit keramische Oberflächen zu bearbeiten bieten Ton-Dekore. Bereits im vorislamischen Orient waren die verschiedenen Methoden des Dekorierens mit Ton verbreitet – durch ritzen, kerben, stempeln oder das Auflegen vorher geformter Wülste. Besondere Meisterschaft erforderte eine Variante der Ton-Dekore, die im 12. Jahrhundert im Iran entwickelt wurde. Die Kunst bestand darin, die lederhart getrocknete Wandung des Gefäßes zu durchstechen oder zu durchschneiden, so daß ein stegartiges Muster stehenblieb. Wurde das Gefäß nun glasiert, füllte die Glasur die Öffnungen in der Wandung aus, und sie erschienen als transparentes Muster.

Eine Weiterentwicklung der Ton-Dekore sind die Champlevé- und die Scraffito-Technik. Bei der Champlevé-Technik wird ein dunkelbrennender Ton mit einem hellen Anguß – einer Tonaufschlämmung – überzogen, der anschließend stellenweise wieder abgekratzt wird, so daß der dunkle Scherben zum Vorschein kommt. Auf diese Weise entstehen dunkle Muster vor hellem Grund. Die Scraffito-Technik arbeitet in ähnlicher Weise mit den kontrastierenden Farben unterschiedlicher Tone: auf den feuchten Ton wird ein farblich kontrastierender Anguß aufgebracht, in den sodann der Dekor eingeritzt wird. Dieses Verfahren war im islamischen Kulturkreis vom 12. bis in das 15. Jahrhundert verbreitet, häufig in Kombination mit ein- oder mehrfarbigen Glasuren.

Mit Ausnahme der Aufglasurdekore konnten die von den muslimischen Töpfern entwickelten und verwendeten Dekore auf den getrockneten Scherben aufgebracht werden, ohne daß zuvor ein erster Rohbrand (Schrühbrand) erforderlich gewesen wäre. Der Brand erfolgte erst nach dem Bemalen und Glasieren des Gefäßes, bei einer Temperatur zwischen 800°C und 1200°C. Die hierzu verwendeten Öfen bestanden – nach dem Prinzip der antiken Brennöfen – aus zwei übereinanderliegenden Kammern, die durch eine durchbrochene Decke miteinander verbunden waren. In der unteren Kammer wurde ein Feuer unterhalten, während in der oberen Kammer das Brenngut gestapelt war. Aufwendig dekorierte Gefäße konnten außerdem in eigens dafür angefertigten Kapseln eingeschlossen werden, um sie vor Flugasche und Stichflammen zu schützen.

Handwerker und Werkstätten

Bis vor wenigen Jahren war es üblich, islamische Keramik aufgrund stilistischer Vergleiche in zusammengehörige Gruppen einzuordnen, die man dann nach ihrem vermeintlichen Produktionszentrum benannte. In den wenigsten Fällen basierte das Wissen um die Produktionszentren auf archäologischen Forschungen. Inzwischen werden klassische Zuschreibungen wie beispielsweise die der seldschukischen Lüsterkeramiken nach Rayy und Kaschan, in Frage gestellt oder zumindest eine differenziertere Sicht gefordert. Ähnlich problematisch präsentieren sich auch Fragen nach der Organisation der Werkstätten und dem sozialen Status der Handwerker, die in ihnen arbeiteten. Schriftliche Quellen und auch die Objekte selbst helfen hier nur bedingt weiter. Eine Ausnahme bildet die Familie Abu Tahir, deren Mitglieder zwischen dem 12. und dem 14. Jahrhundert in Kaschan im zentralen Iran tätig waren. Ihre Aktivitäten sind sowohl durch signierte und datierte Stücke dokumentiert wie auch durch eine theoretische Abhandlung über die Keramikproduktion. Weiterhin sind aus den verschiedenen Perioden islamischer Keramik zahlreiche signierte Stücke erhalten. In der Regel nennen sie den Namen des Handwerkers, unter Voranstellung der Worte „sanaᶜa“ oder „ᶜamala“, was soviel bedeutet wie „er hat gemacht“. Einen weiteren Anhaltspunkt liefert eine Studie, die 1960 in einer traditionellen Keramikwerkstatt in Meybod im zentralen Iran durchgeführt wurde und die Strukturen nachweist, die sich über die Jahrhunderte hinweg offensichtlich kaum verändert haben: Eine strenge Hierarchie regelt den Werkstattbetrieb; an der Spitze steht der Meister, dem allein sämtliche geheimen Verfahrensweisen bekannt sind. Er wird in seiner Arbeit unterstützt von einigen Lehrlingen, die häufig zugleich Familienmitglieder sind. Jeder von ihnen ist für einen fest umrissener Arbeitsbereich zuständig. Wenn ein Lehrling seine Ausbildung beendet hat, verläßt er entweder die Werkstatt, um einen eigenen Betrieb zu eröffnen oder er bleibt und führt die Familientradition fort.

Wirtschaftliche Überlegungen oder Kriege führten immer wieder dazu, daß Handwerker ihre Heimat verließen, um sich an einem anderen Ort niederzulassen, wo sie dann in ihrer überlieferten Tradition weiterarbeiteten. Auf diese Weise wurden lokale Traditionen und als Geheimnis gehütete Techniken in weit auseinander liegenden Gebieten des islamischen Reiches verbreitet. Von großer Bedeutung für den Transfer von Techniken und Stilen war aber auch das weitverbreitete System der Leiturgie, das Arbeiter aus verschiedenen Teilen des Landes zur Arbeit am Hofe des Herrschers beziehungsweise im Auftrag des Herrschers verpflichtete. In anderen Fällen wurden Handwerker als Gefangene an fremde Höfe verschleppt, um dort zu arbeiten.

Vorislamische und frühislamische Keramik

Am Beginn der islamischen Geschichtsschreibung steht die Hidschra , die Flucht des Propheten Muhammad aus seiner Geburtsstadt Medina im Jahre 622. In den darauffolgenden Jahren eroberten arabisch-islamische Heere das persische Reich der Sasaniden und weite Teile des byzantinischen Reiches. Unter der ersten islamischen Dynastie der Umaiyaden (661–750) wurde Syrien mit der Hauptstadt Damaskus das Zentrum des neuen Weltreiches. Die Kunst dieser Zeit war geprägt von der Übernahme bestehender Traditionen und deren Anpassung an die veränderten Erfordernisse der neuen Herrscher.

Die umaiyadische Keramik entwickelte sich aus den Töpfertraditionen der von den arabischen Heeren eroberten Kulturkreise. Dieser Entwicklungsprozeß ist beim derzeitigen Stand der Forschungen allerdings nur in großen Zügen nachzuvollziehen. Künstlerische Vorstufen waren die Keramiken des persisch-sasanidischen Ostens einerseits und des spätantik-byzantinischen Westens andererseits, die ihrerseits auf jahrtausendealte Traditionen zurückblicken können.

Die parthisch-sasanidische Keramik verwendete grüne bis türkisblaue, matte oder transparente Alkaliglasuren. Die Formen stehen häufig in graeco-römischer Tradition, ebenso der in Relief gearbeitete Dekor aus Grotesken, Masken, Nymphen und Genien. Eine andere Gruppe parthisch-sasanidischer Keramik zeichnet sich durch die Verwendung von Bleiglasuren aus, während ihr Dekor enge Beziehungen zu sasanidischen Metallarbeiten aufweist. Der Übergang zwischen einigen zu dieser Gruppe zählenden Stücken und frühislamischen umaiyadischen Keramiken ist fließend.

Weitaus schwieriger einzuschätzen ist der Einfluß des spätantik-byzantinischen Westens auf die Entwicklung der islamischen Keramik. Die Geschichte der byzantinischen Keramik des 3.–8. Jahrhunderts ist weitgehend unbekannt und insbesondere die Frage, inwieweit die hochentwickelten Handwerkstraditionen ägyptischer und römischer Töpfer von muslimischen Handwerkern aufgegriffen und weiterentwickelt wurden, bleibt unbeantwortet.

Die Keramik der Abbasidenzeit

Die Umaiyadenherrschaft endete 750 mit der abbasidischen Revolution. Unter den Abbasiden verlagerte sich der politische und kulturelle Schwerpunkt des Reiches nach Osten. Neue Hauptstadt wurde das 762 gegründete Bagdad, das sich bald zu einem Zentrum kosmopolitischer Kultur und weitreichender Handelsbeziehungen entwickelte. Die Keramik der frühen Abbasidenzeit steht in deutlichem Kontrast zu der vorwiegend einfachen Gebrauchskeramik, die in den beiden ersten Jahrhunderten islamischer Herrschaft entstanden war. Ausgrabungen in Samarra, der 836 gegründeten zeitweiligen Residenz der Abbasidenkalifen im heutigen Irak, haben zahlreiche Beispiele unglasierter und glasierter Keramiken zutage gefördert, die von der Experimentierfreudigkeit der irakischen Töpfer zeugen. Von entscheidender Bedeutung für diese Entwicklung war der Einfluss chinesischer Keramiken, die seit dem 8. Jahrhundert in den Nahen Osten exportiert wurden. In Samarra und in Siraf am persischen Golf wurden zahlreiche Fragmente unterschiedlicher Typen chinesischer Keramik gefunden.

Ein Typus abbasidischer Keramik, der wahrscheinlich in Nachahmung der weiß glasierten T'ang-Keramik entwickelt wurde, zeigt einen charakteristischen hellen Scherben und

eine opake, elfenbeinweiße Glasur. Die gängigste Form und ebenfalls auf chinesische
Einflüsse zurückzuführen sind bauchig gewölbte Schalen mit leicht ausgestellter Lippe. 1 2
Eine eigenschöpferische Leistung der muslimischen Töpfer ist dagegen der sparsame
kobaltblaue oder grüne, seltener manganviolette oder gelbe Dekor, der die Mehrzahl der
Stücke ziert. Das Dekorrepertoire umfaßt kalligraphisch gestaltete Schriftzeilen, Palmet- 3
ten, stilisierte Pflanzenformen und festonartige Kreissegmente. Keramiken dieses Typus
wurden im Iran, in Syrien und Ägypten gefunden, zeitgenössische Nachahmungen ent-
standen in Spanien, Tunesien und Algerien.

Ein weiterer Typus abbasidischer Keramik – vorwiegend Schalen mit gerader oder bauchiger Wandung – zeigt verschiedenfarbige Laufglasuren in Manganviolett, Grün, Ockergelb und Blau. In der älteren Literatur wurde die Entwicklung dieses Dekorstiles ebenfalls auf den Einfluß chinesischer Keramiken zurückgeführt. Als Vorbilder galten dreifarbig gefleckte (San Tsai) Keramiken der T'ang-Zeit. Neuere Publikationen hingegen beurteilen die Bedeutung des chinesischen Einflusses kontrovers, da die San Tsai Keramiken nur bis Mitte des 8. Jahrhunderts hergestellt wurden. Die islamische gefleckte Ware hingegen scheint erst um 900 entwickelt worden zu sein, so daß ein Zeitraum von rund 150 Jahren die beiden Keramikgruppen voneinander trennt. Der Dekor mit mehrfarbigen Laufglasuren wurde bis in das 11. Jahrhundert hinein beibehalten und war in weiten Teilen der islamischen Welt verbreitet. Häufig wurden dabei zusätzlich zu den farbigen Akzenten Ritzmuster angebracht. Beispiele dieses Dekorstiles wurden in Ägypten, Syrien, Mesopotamien und Nordost-Iran gefunden.

Ebenfalls eine Neuschöpfung der abbasidischen Zeit ist die Lüsterkeramik. Wo und wann
diese Technik entwickelt wurde, ist eine umstrittene Frage. In vor- und frühislamischer
Zeit wurden Lüsterdekore zunächst auf Glas angewendet. Im 8. Jahrhundert scheint die
Technik aus Ägypten in den Irak eingeführt worden zu sein, wo sie nun auch auf Keramik
verwendet wurde. Dabei bevorzugte man zunächst polychrome Lüsterdekore in verschie-
denen Schattierungen von Braun, Grün oder dunklem Purpur. Neben Wandfliesen wur-
den auch Gefäße hergestellt, vorwiegend Schalen mit bauchig gewölbter Wandung. Ihr
Dekor ist nicht gegenständlich und zeigt geometrische Ornamente, Schuppen-Muster,
Halbpalmetten, Augen-Motive etc. Im Gegensatz dazu weisen die späteren, monochro-
men Lüsterkeramiken stark stilisierte figürliche Darstellungen auf, die in einigen Fällen 5
deutlich von zentralasiatischen Bildtraditionen beeinflußt sind.

Eine zeitliche Einordnung der abbasidischen Lüsterkeramiken ist problematisch, ebenso die Frage, wo diese Keramik produziert wurde. Als Anhaltspunkte für eine Datierung der polychromen Lüsterkeramiken dienen Funde aus zwei Palästen in Samarra (833–842 und 878–882), weiterhin Fliesen aus der großen Moschee in Kairuan (ca. 850) und Fragmente aus Qal^{c}a Banu Hammad in Algier (1007–1152). Die Funde in Algier umfassen außerdem auch Brennöfen und Fehlbrände, eindeutige Indizien dafür, daß die dort gefundenen Fragmente vor Ort hergestellt wurden. Als weitere Produktionszentren nennen arabische Quellen Bagdad, Basra und Kufa im Irak.

Die Technik des Lüsterdekors auf Keramik wurde Ende des 9. Jahrhunderts von irakischen Handwerkern in Ägypten eingeführt. Hauptproduktionszentrum war das Töpferviertel Fustat (Alt-Kairo), wo bei Ausgrabungen große Mengen von Scherben, Fehlbrände und auch Töpferöfen zum Vorschein gekommen sind. Die Lüsterkeramiken, die im 10. und 11. Jahrhundert in Ägypten entstanden, gehören zu den herausragenden Erzeugnissen islamischer Kunsttöpferei. Der Dekorstil der frühen Beispiele stand

zunächst noch deutlich in irakischer Tradition und zeigt neben reichen ornamentalen
4 Kompositionen auch figürliche Darstellungen. Bei den figürlichen Dekoren läßt sich
jedoch eine kontinuierliche Entwicklung hin zu einem verfeinerten, lebendigen Zeichen-
stil beobachten, der deutliche Bezüge zur griechischen und byzantinischen Malerei und zur koptischen Kunst zeigt. Anstelle der stilisierten, bewegungslosen Gestalten der irakischen Lüsterkeramiken wurden nun Musiker, Krieger oder Tänzerinnen in bewegter, lebensnaher Zeichnung gezeigt. Charakteristisch für die fatimidischen Lüsterkeramiken sind die zahlreichen Meistersignaturen, die sich auf Vorder- oder Rückseiten vieler Stücken erhalten haben. Sie sind ein deutlicher Hinweis auf das hohe Ansehen, das die Handwerker zu ihrer Zeit genossen.

Provinzielle iranische Keramik

Etwa zeitgleich mit den abbasidischen Keramiken entstand im 9.-10. Jahrhundert im Nordosten des Iran eine eigenständige Gefäßkeramik, die sich vor allem in technischer Hinsicht von den irakischen Keramiken abhob. Als Produktionszentren sind Nischapur und das alte Samarkand (Afrasiab) belegt, lokale Varianten wurden aber auch in Laschkari-Basar und in Kirman gefunden. Kennzeichnend ist der rote, von einem weißen oder farbigen Anguß überzogene Scherben, auf dem mit farbigen Tonaufschlämmungen (Schlickerfarben) gemalt wurde. Als Farben kamen manganschwarz, tomatenrot, gelb, orange, braun und grün zur Anwendung, bei den Formen überwiegen flache Teller oder Schalen mit gerader, konischer Wandung. Das Dekorrepertoire dieser
Keramiken mit Schlickerfarbenbemalung war sehr breit. Ein Hauptmotiv war die
6–10 arabische Schrift in kalligraphisch stilisierter Form. In Schwarz vor weißem Grund
gezeichnet bilden einzelne Worte oder Schriftzeilen in elegantem Kufi höchst wirkungs-
voll den einzigen Schmuck der Gefäße, gelegentlich ergänzt durch sparsam eingesetzte
Farbakzente in Tomatenrot. Eine zweite Gruppe zeigt mehrfarbige figürliche Dekore,
11 vorwiegend Vogel- und Steinbockgestalten, aber auch menschliche Figuren, in naiv
stilisierter Zeichnung vor gelbem Grund. Andere Dekore lassen auf eine Beeinflußung
durch die am Kalifenhof modische irakische Keramik schließen. Dies gilt vor allem für
Gefäße, deren Dekor eine Lüsterbemalung imitiert, aber auch für solche mit mehr-
15 farbigen Laufglasuren.

Ebenfalls mit Schlickerfarbenbemalung ist eine weitere Gruppe von Keramiken dekoriert, die der Gegend um Sari im Südosten des Kaspischen Meeres zugeschrieben und in das 10. Jahrhundert datiert werden. Im Gegensatz zu den Keramiken der Nischapur-Gruppe sind die Schalen oder flachen Teller mit gerader Wandung grob gearbeitet, der
Dekor wirkt plump. Hauptmotive sind Vogel- oder Steinbockfiguren, die als charakteri-
21 22 stisches Detail Perlbandbordüren zeigen. In den Halsbändern der Tiere und den wehen-
den Halsbinden leben vorislamisch-sasanidische Bildtraditionen weiter.

Etwas später, in das 11. bis 13. Jahrhundert wird eine Gruppe von Keramiken datiert, die nach ihren vermeintlichen Herstellungsorten Amol-, Garrus- und Aghkand-Waren genannt werden. Ihr Dekor ist in Champlevé- und Scraffito-Technik geschnitten und geritzt und zeigt in der Ausführung, aber auch in der Wahl der Motive deutliche Bezüge
zu gleichzeitigen Metallarbeiten. Dargestellt sind Vogelfiguren oder -paare, stilisierte
23 24 Tiere oder Fabelwesen, aber auch großformatige kalligraphische Inschriften. Neben den
gängigen Formen – Schalen und Tellern – wurden auch Wandfliesen und kleinformatige Mihrab-Fliesen in Champlevé-Technik hergestellt.

Die Keramik des 11. bis 13. Jahrhunderts

Anfang des 11. Jahrhunderts erlebte die islamische Welt eine erste große Einwanderungswelle türkischer Nomadenstämme. Wenig später übernahm in Bagdad die türkischstämmige Dynastie der Seldschuken die Macht. Die neuen Herrscher betätigten sich als großzügige Bauherren und Förderer von Literatur und Kunst. Besonders die letzten fünfundsiebzig Jahre ihrer Herrschaft (etwa 1150–1225) stellten einen Höhepunkt in der kulturellen Entwicklung Irans, des Irak und Anatoliens dar.

Auf dem Gebiet der Keramikproduktion war es in erster Linie die Entwicklung der weiter oben beschriebenen, neuen keramischen Masse durch persische Handwerker, die eine ganze Reihe weiterer Entwicklungen nach sich zog. Wie schon im 9. Jahrhundert hatten importierte chinesische Keramiken den Anstoß zu dieser Neuschöpfung gegeben. Neben den grün und weiß glasierten Keramiken der Sung-Periode waren es vor allem die verschiedenen Typen des bläulich-weiß schimmernden Ch'ing Pai Porzellans, die die muslimischen Töpfer zur Nachahmung reizten. Ohne den Rahmen der eigenen künstlerischen Traditionen zu verlassen, ließen sie sich durch den neuen Werkstoff und die chinesischen Vorbilder inspirieren.

Unbestreitbar von chinesischen Vorbildern beeinflußt ist eine Gruppe dünnwandiger
Gefäße mit elfenbeinweißer, opaker Glasur, die in das 12. Jahrhundert datiert werden. Wie
ihre Vorbilder weisen die Gefäße häufig einen geschnittenen Dekor auf, der aber deutlich
islamische Züge trägt. Um die Durchsichtigkeit des Porzellans zu imitieren, wurde die
Wandung zusätzlich mit feinen Durchstichen perforiert. Etwa zeitgleich entstanden aber 30 31
auch Gefäße mit farbigen, monochromen Glasuren in Türkis, Dunkelblau, Grün und Man-
ganviolett, die nur noch entfernt an chinesische Vorbilder denken lassen. Die geschnitte- 25 26
nen, geritzten oder modelgepreßten Dekore umfassen kalligraphische Inschriften, Arabes-
kranken und Tier- und Menschendarstellungen. Charakteristische Formen sind Schalen
auf hohem Fußring mit konischer Wandung, Trinkkrüge oder pokalartige tiefe Trinkscha- 28 29
len, aber auch kleine Plastiken von Reitern, Vögeln, Raubkatzen, Kamelen etc. 56–58

Die wohl bedeutendste Schöpfung in der Keramik des 12. Jahrhunderts war jedoch die
Entwicklung des Unterglasurdekors. Ein erster Schritt auf diesem Weg waren Experi-
mente mit schwarzen Tonaufschlämmungen, die entweder in Champlevé-Technik verar-
beitet oder direkt auf den Scherben aufgemalt wurden. So entstanden dunkle Muster vor
hellem Grund, was der auf diese Weise dekorierten Keramik die Bezeichnung „Silhouet- 34
ten-Ware" eingetragen hat. Anschließend wurden die Gefäße mit einer transparenten
farblosen oder farbigen Alkaliglasur überzogen. In Weiterentwicklung dieses Verfahrens
entstanden in der Folgezeit erste Keramiken mit echten Unterglasurdekoren in Schwarz
und Kobaltblau unter transparenter farbloser oder türkisfarbener Glasur. Charakteristisch 36–40
sind Dekore mit weich geschwungenen Blattranken und Fischen in stilisierter Zeichnung
oder Medaillons mit affrontierten Vögeln, einige herausragende Stücke zeigen auch
figürliche Darstellungen im Stil der gleichzeitigen Buchillustrationen.

Besonders deutlich wird die enge Beziehung von Keramikdekor und Buchmalerei am
Beispiel der sogenannten Minai-Keramik, die in einer Kombination von Unterglasur- und 60–62
Aufglasurdekoren bemalt sind, was eine breitere Farbpalette ermöglichte. Neben Szenen
aus dem persischen Nationalepos, dem „Buch der Könige" (Šāhnāme), sind Figuren aus
dem höfischen Umkreis dargestellt, aber auch Genreszenen wie etwa die Darstellung
einer vornehmen Dame, die zur Ader gelassen wird. Einige wenige Minai-Keramiken

sind inschriftlich datiert und erlauben eine zeitliche Einordnung der Gruppe zwischen 1179 und 1243.

In etwa demselben Zeitraum entstand auch eine große Anzahl von Lüsterkeramiken in
zwei unterschiedlichen Dekorstilen. Die eine Gruppe ist den Minai-Keramiken eng ver-
wandt. Eine führende Rolle spielen kleinformatige Darstellungen des Herrschers und
48 50 seines Hofstaates. Die zierlichen Figuren sind mit reich gemusterten Gewändern beklei-
det und vor einen dicht mit Ranken gefüllten Grund gestellt. Häufig tragen die Gefäße
44 45 49 Inschriften in kursiver Schrift, die den Tag der Herstellung nennen oder Zitate aus der
zeitgenössischen persischen Dichtung wiedergeben. Aus einem zeitlich oder geogra-
phisch anderen Kontext hingegen stammt eine zweite Gruppe von Lüsterkeramiken mit
großformatigen, figürlichen Darstellungen, die in Weiß aus dem lüstrierten Grund ausge-
spart sind. Neben Gefäßen wurden erstmals auch in großem Umfang Fliesen und Bauke-
ramik mit Lüsterbemalung hergestellt. Sie dienten vorwiegend der Ausstattung von Grab-
bauten und wurden flächenfüllend in der Sockelzone von Innenräumen oder in breiten
145–148 Friesen am Innen- und Außenbau angebracht. Ihr Dekor war abhängig von dem Kontext,
entsprach aber weitgehend dem der Gefäßkeramik. In Grabbauten und Moscheen wurden
ausschließlich ornamentale Dekore verwendet, figürliche Darstellungen waren auf
Palastbauten u. ä. beschränkt.

Eine Lokalisierung der Werkstätten, in denen die verschiedenen im Vorhergehenden aufgeführten Keramiken hergestellt wurden, ist problematisch. Die Mehrzahl der in Sammlungen und Museen erhaltenen Stücke stammen nicht aus wissenschaftlich durchgeführten Grabungen, so daß die exakte Herkunft eines Stückes meist unbekannt ist. Einfache Waren wie die monochrom glasierten Keramiken mit Reliefdekor wurden wahrscheinlich in mehreren Orten Irans hergestellt, wohingegen die Produktion mit komplizierteren Verfahren auf wenige Zentren beschränkt war. Umfangreiche Scherbenfunde, vor allem von Lüsterkeramiken, aber auch die Aussagen schriftlicher Quellen lassen Kaschan als führendes Zentrum der persischen Keramikindustrie erscheinen. Als weitere Standorte werden Rayy, Sava und Gurgan angeführt.

Die neuen, im Iran entwickelten Keramiktypen prägten auch die Produktion der angren-
zenden Regionen Syriens und Anatoliens. Wahrscheinlich in Raqqa entstand im letzten
Viertel des 12. Jahrhunderts bis zur Zerstörung der Stadt durch die Mongolen 1259 eine
Keramik, die sich durch einen weichen, hellrosafarbenen Quarz-Ton-Fritte Scherben aus-
63–66 zeichnet. Die breite Produktionspalette umfaßte Gefäße mit Lüsterbemalung im Stil der
persischen Lüsterkeramiken, polychrome Unterglasurdekore, die die persischen Minai-
Keramiken imitieren und Unterglasurdekore in Schwarz und Kobaltblau unter transpa-
renter farbloser oder türkisfarbener Glasur. Von großer Bedeutung für die Entwicklung
eines eigenständigen syrischen Stiles war neben den persischen Vorbildern auch der Ein-
fluß ägyptisch-fatimidischer Traditionen. Nach dem Zusammenbruch des Fatimidenrei-
ches 1171 waren ägyptische Töpfer nach Syrien geflohen, wo sie nach überlieferter
Weise weiterarbeiteten. Dies belegt eine Gruppe von Lüster-Keramiken, die nach ihrem
Fundort als Tell-Minis-Keramik bekannt wurde. Bei den Raqqa-Keramiken sind es vor
allem stilistische Eigenheiten, die ägyptisch-fatimidischen Einfluß verraten. Dekore in
einem charakteristischen, kühn geschwungenen Zeichenstil, der noch das Erbe des klas-
sischen Realismus erahnen läßt, zeigen Gazellen, Hasen oder Jagdhunde, die mit erhobe-
nem Vorderlauf erstarrt stehen. Aber auch Formen wie die der bauchigen Schale mit brei-
tem, flachem Rand sind auf ägyptischen Einfluß zurückzuführen.

In Anatolien lag der Schwerpunkt der Keramikproduktion auf der Herstellung von Baukeramik. Unter der Herrschaft der Rum-Seldschuken wurden in Städten wie Konya oder Sivas Moscheen, Grabbauten und Paläste erbaut und reich mit Fliesen ausgestattet, die deutlich den Einfluß persischer Vorbilder zeigen. In Konya wurden im Pavillon des Qiliç-Arslan II (1156–1192) Kreuz-Stern-Fliesen mit Dekor in Minai-Technik gefunden, Ausgrabungen im Palast von Kubadabad haben Unterglasur- und Lüsterbemalte Fliesen ergeben, die offensichtlich vor Ort hergestellt wurden.

Die Keramik des 13. bis 16. Jahrhunderts

Im frühen 13. Jahrhundert wurde Iran von mongolischen Truppen überrannt, die 1258 Bagdad eroberten. Dieses Ereignis markierte einen Wendepunkt in der Geschichte der islamischen Welt, die von nun an in zwei Sphären geteilt war: im Iran regierten die mongolischen Ilkhan-Herrscher (1256–1349) und nach einem zweiten Mongoleneinfall unter der Führung von Timur-Lenk die Dynastie der Timuriden (1369–1500), in Ägypten und Syrien herrschten die mamlukischen Sultane.

Unter der Mongolenherrschaft wurden die Handelsbeziehungen zwischen China und dem Nahen Osten intensiviert und es kam zu einem fruchtbaren Austausch künstlerischer Traditionen. Angeregt durch chinesische Textilien, Bildrollen und Lackarbeiten entwickelten persische Künstler vor allem im Bereich der Miniaturmalerei neue Formen. Auf dem Gebiet der Keramikproduktion waren es diesmal weniger Formen oder Materialien der chinesischen Vorbilder, die die muslimischen Töpfer inspirierten, sondern Dekore und Motive. Gänse, Enten, Lotusblüten und in mongolische Tracht gekleidete
Figuren in naturalistischer Darstellung bereicherten das traditionelle Dekorrepertoire und 69
erstmals wurden phantastische Wesen wie Drache oder Phönix auf Keramiken dargestellt.

Eine Gruppe von Keramiken, die den neuen, „mongolischen" Geschmack deutlich widerspiegelt, ist die nach ihrem Fundort benannte Sultanabad-Ware. Die Mehrzahl der Gefäße
dieser Gruppe ist schwer und dickwandig gearbeitet und weist einen gräulichen, mittel- 70
feinen Scherben auf. Der Dekor ist in dick aufgetragener, weißer Schlickerfarbe auf einen grauen Anguß gemalt, Umrisse und Binnenzeichnung sind in einer feinen schwarzen Linie ausgeführt. Das Vorbild für den ins Grau-Grün spielenden Farbcharakter der Stücke lieferten chinesische Seladon-Keramiken, die im 14. Jahrhundert in großer Zahl in den Iran importiert wurden. Auch die Form der Gefäße ist in vielen Fällen diesen Vorbildern nachempfunden. Charakteristisch sind Schalen auf engem, niedrigen Fußring mit wenig bauchig geschwungener Wandung. Die Außenwandung weist häufig einen gemalten Dekor auf, der die in Relief gearbeitete Blütenkelchform der Seladonkeramiken imitiert.

Neben der neuartigen Sultanabad-Ware wurden weiterhin auch traditionelle Typen wie monochrom glasierte oder lüsterbemalte Keramiken hergestellt. In der Zeit zwischen 1265 und 1335 entstand in Kaschan eine Serie lüsterbemalter mihrabs und Fliesen im Stil der vormongolischen Lüsterkeramiken. Viele der Stücke sind signiert und datiert und erlauben dadurch, das Wirken einer Töpferfamilie über drei Generationen hinweg zu verfolgen. Weitere Lüsterfliesen kamen bei Ausgrabungen in Takht-i Sulaiman in Nordwest-Iran zum Vorschein. Ein besonders interessanter Aspekt dieser Fliesen sind die Inschriften, die neben Koranzitaten und Versen aus dem Šāhnāme Anspielungen auf schiitische Imame enthalten. Neben Fliesen und Baukeramik produzierten die Werkstätten von

Kaschan weiterhin auch Gefäßkeramiken, die in Qualität und Dekor den vormongolischen Lüsterkeramiken vergleichbar sind.

Die syrische Keramikindustrie hatte sich nach dem Mongoleneinfall nach Damaskus, Homs und Aleppo verlagert, während Kairo das Zentrum der ägyptisch-mamlukischen Keramikproduktion blieb. Charakteristisch für die syrische Produktion sind große Vorratsgefäße, Schalen oder Albarelli, die sich durch einen rötlichen bis bräunlichen Scherben auszeichnen. Der Dekor ist in Unterglasurtechnik in Schwarz und Kobaltblau ausgeführt und zeigt in Komposition und Ausführung deutliche Parallelen zu gleichzeitigen Metallarbeiten, aber auch zu iranischen Keramiken der Sultanabad-Gruppe. Der Einfluß gleichzeitiger Metallarbeiten ist auch an einer zweiten Gruppe mamlukischer Keramiken zu erkennen. Die schwere, rote Irdenware mit geritztem Dekor unter gelblich brauner Glasur zeigt Inschriften im kursiven Naskhi-Duktus vor Rankengrund, häufig sind die Wappen der mamlukischen Beamten und Offiziere abgebildet. Als ein dritter Typus mamlukischer Keramik wurde in Damaskus bis zur Zerstörung des Töpferviertels durch
67 Timur Lenk 1401 die Fabrikation lüsterbemalter Keramiken fortgesetzt. Die flüchtig gezeichneten Lüsterdekore auf intensiv kobaltblauem Grund ähneln in Motivwahl und Komposition der in Kobaltblau und Schwarz bemalten Ware.

Unter der Herrschaft der Timuriden (1369–1500) verlagerte der politische und kulturelle Schwerpunkt der iranischen Welt sich weit nach Osten, neue Hauptstadt wurde das zentralasiatische Samarkand. Timur und seine Nachfolger bedienten sich bewußt der Kunst als Ausdrucksmittel politischer Macht und unter ihrer Herrschaft entstand erstmals eine Hofkunst, die den unterschiedlichen künstlerischen Bereichen einen einheitlichen Stil aufprägte. Auf dem Gebiet der Keramikproduktion war es vor allem die Baukeramik, die eine außerordentliche Entwicklung und Blüte erlebte. Eine Vielzahl von Techniken wurde neu- oder weiterentwickelt: Ziegelmosaik, Fliesenmosaik, cuerda-seca Fliesen, Reliefffliesen mit Unterglasurdekor, Fliesen mit Aufglasurdekor und Lüsterbemalung. Nicht selten wurden an einem Bau mehrere unterschiedliche Techniken nebeneinander angewendet.

Bei der Entwicklung der Gefäßkeramik hingegen zeichnete sich ein Trend ab, der vor allem in der Folgezeit außerordentliche Bedeutung erlangen sollte. Seit dem späten 14. Jahrhundert wurde chinesisches Blau-Weiß-Porzellan in die islamische Welt importiert, wo es einen beherrschenden Einfluß auf die einheimische Keramikproduktion ausübte. Von diesem Zeitpunkt an entstanden in Iran, ebenso wie in Syrien und Ägypten, in Unterglasur-
76 77 technik gearbeitete Blau-Weiß-Keramiken, die sich eng an chinesischen Vorbildern orientierten. Der Ursprung und die Geschichte dieser frühen islamischen Blau-Weiß-Keramiken liegt jedoch noch weitgehend im Dunkeln. Die wenigen datierten Beispiele stammen aus Bauwerken in Syrien, Ägypten und der Türkei. Es handelt sich um überwiegend hexagonale Fliesen, deren Dekor einen hybriden chinesisch-islamischen Mischstil aufweist.

Die Keramik des 16. bis 19. Jahrhunderts

Zu Beginn des 16. Jahrhunderts kamen im Iran die Safaviden an die Macht, die erste nationale Dynastie in der islamischen Geschichte des Landes. Unter ihrer Herrschaft wurde der schiitische Islam Staatsreligion. Politische Gegenspieler der Safaviden und Verteidiger des sunnitischen Islam waren die türkischen Osmanen, die seit der Auflösung des rum-seldschukischen Reiches ihren Einflußbereich in Anatolien ausweiten konnten und 1453 die byzantinische Hauptstadt Konstantinopel eroberten. Unter Süleyman I

(1530–1566) hatte das Osmanische Reich seine größte Ausdehnung erreicht und erstreckte sich von Täbris bis nach Algier und von Ungarn bis in den Sudan. Kunst und Kultur erlebten unter der Regierung Süleymans einen Höhepunkt.

In der osmanischen Türkei entstanden zwischen 1490 und 1700 einige der schönsten Keramiken der islamischen Welt. Vorläufer dieser klassischen osmanischen Keramik, die nach ihrem Entstehungsort als Iznik-Keramik bezeichnet wird, war eine Irdenware mit rotem Scherben, die in das ausgehende 14. und Anfang des 15. Jahrhunderts datiert wird. An der anatolischen Westküste, in Milet, wurden bei Ausgrabungen zahlreiche Fragmente dieser Ware gefunden und bis vor wenigen Jahrzehnten galt Milet als Produktionszentrum der frühosmanischen, sogenannten Miletus-Ware. Ausgrabungen in Iznik, dem alten Nicaea, haben inzwischen erwiesen, daß die Miletus-Ware dort hergestellt wurde. Kennzeichnend ist eine in Kobaltblau, Schwarz, Grün oder Manganviolett gezeichnete Bemalung, die auf einen weißen Anguß unter transparenter farbloser oder türkisfarbener Glasur aufgetragen wurde. Der Dekor umfaßt vorwiegend geometrische Elemente und Kompositionen, in einigen Fällen sind Vögel dargestellt. Einzelne vegetabile Motive, Wolkenmuster oder Ranken lassen auf eine Beeinflussung durch chinesische Blau-Weiß-Porzellane schließen.

Ende des 15. Jahrhunderts begannen die Werkstätten von Iznik mit der Produktion einer neuen, außerordentlich feinen Keramik, die sich technisch, morphologisch und stilistisch deutlich von der „Miletus-Ware“ abhob. Auf welche Weise und unter welchen Einflüssen sich die Entwicklung dieses neuen Keramiktypus vollzogen hat, ist bisher nicht nachvollziehbar. Im Gegensatz zu der Miletus-Ware weist die neue Feinkeramik einen harten, weißen Quarz-Ton-Fritte Scherben auf. Ihr Dekor durchläuft in dem Zeitraum zwischen 1480 und der Mitte des 16. Jahrhunderts eine Reihe deutlich unterscheidbarer Stilphasen.

Die früheste, zwischen 1480 und 1520 entstandene Iznik-Keramik wird als „Abraham von Kütahya-Ware“ bezeichnet, nach dem Künstler, dessen Signatur auf einem Gefäß dieser Gruppe erscheint. Die einzelnen Elemente des fein gezeichneten, kobaltblauen Dekors entstammen unterschiedlichen Kunsttraditionen. Aus der seldschukischen Tradition kommen stilisierte Halbblätter, Spiralrankensysteme und Rosettenmuster. Dem timuridischen Erbe entstammen chinesisch beeinflußte Motive wie Wolkenband oder Lotusblüte. Die Zusammenstellung der verschiedenen Elemente in Musterbändern mit reicher Innenzeichnung, die durch weiße Wulstprofile voneinander abgesetzt sind, aber auch bestimmte Gefäßformen lassen auf eine Beeinflussung durch gleichzeitige Metallarbeiten schließen.

Das Jahrzehnt zwischen 1520 und 1530 wurde treffend als Phase des Experimentierens charakterisiert. Die unterschiedlichen, in diesem Zeitraum in Iznik produzierten Keramikgruppen zeigen vielfältige Einflüsse aus unterschiedlichen Bereichen. Die Dekore orientierten sich an Buchilluminationen, chinesischem Porzellan und italienischer Majolica. Die wohl bedeutendste Neuerung war jedoch die Einführung einer zweiten Farbe,
des Türkisblau. Aus dieser Phase des Experimentierens wurde um 1430 ein neuer Dekor- 114
stil entwickelt, der sich vor allem durch eine erweiterte Farbpalette auszeichnete. Neben Kobaltblau wurden nun Türkis, Olivgrün, Violett und Schwarz eingesetzt. Der Dekor besteht aus naturalistisch gezeichneten und Phantasieblüten in achsialen Kompositionen, die die gesamte Oberfläche der Gefäße überziehen. Die Überschneidung oder gegenseitige Durchdringung einzelner Dekorelemente deutet Dreidimensionalität an.

Mitte des 16. Jahrhunderts erlebte die Keramikindustrie von Iznik nochmals entschei-
dende Veränderungen. In technischer Hinsicht war es die Entwicklung eines leuchtenden,
reliefartig dick aufgetragenen Rot und eines kräftigen Smaragdgrün, das den nun produ-
zierten Keramiken ein völlig neues Aussehen gab. Der lebhafteren Farbstellung entspra-
chen auch die Dekore, die Blüten wie Nelken, Rosen, Tulpen, Hyazinthen und Ranunkeln
115 116 in naturalistischer Darstellung zeigen. Im Gegensatz zu den vorhergehenden Jahrzehnten
wurde der Produktionsschwerpunkt von der Gefäßkeramik auf die Herstellung von Flie-
153 sen verlagert. Neben Sechseckfliesen wurden Serienfliesen mit Rapportmustern und
großflächige Fliesengemälde produziert. Die Entwürfe hierzu kamen teilweise aus dem
Zeichenatelier (nakkašhane) des herrscherlichen Hofes. Die Fliesen dienten überwiegend
der Ausstattung von Innenräumen, doch anders als im timuridischen Iran bedeckten sie
selten ganze Flächen, sondern wurden bewußt als farbige Akzente eingesetzt, die
bestimmte Raumteile hervorheben.

Das 17. Jahrhundert war für die Werkstätten von Iznik ein Jahrhundert des Niedergangs.
Der Hauptabnehmer der Betriebe, der Hof der osmanischen Sultane, diktierte die Preise
und war zudem ein säumiger Zahler. Als schließlich auch die Tonlagerstätten in der
Umgebung der Stadt erschöpft waren, bedeutete dies das Aus für die Werkstätten von
127–133 Iznik. Die Keramikproduktion verlagerte sich nach Kütahya, das bereits seit dem
16. Jahrhundert inschriftlich als Produktionszentrum belegt ist. Dort wird bis heute eine
feinscherbige Keramik mit bunter Bemalung hergestellt, die sich durch die Verwendung
von Gelb auszeichnet. Der kleinteilige Dekor entstammt dem Bereich der Volkskunst und
zeigt häufig christliche Motive. Im Gegensatz zu den Iznik-Keramiken war der Dekor der
in Kütahya hergestellten Gefäße und Fliesen nicht von den höfischen Entwürfen des nak-
kašhane beeinflußt.

Anders als in der osmanischen Türkei, wo die Keramikindustrie von Iznik über einen langen Zeitraum hinweg nahezu eine Monopolstellung innehatte, waren es im Iran des 16. und 17. Jahrhunderts mehrere verschiedene Zentren, die Keramik produzierten. Die gebräuchliche Zuschreibung der verschiedenen Typen safavidischer Keramik zu dem einen oder anderen dieser Zentren erfolgt aufgrund schriftlicher Quellen und es gibt praktisch keine Ausgrabungen, die diese Daten belegen könnten. Der Versuch, die Entwicklung der persischen Keramikproduktion des 16. und 17.Jahrhunderts nachzuzeichnen, kann daher nur ein unvollständiges Bild ergeben.

In das 15. bis 17. Jahrhundert wird eine umfangreiche Keramikgruppe datiert, die nach
ihrem Fundort im Kaukasus als „Kubatschi-Ware"bezeichnet wird, wahrscheinlich aber
in Nordwest-Iran oder Täbris hergestellt wurde. Die tiefen Teller oder Schalen haben
einen bräunlich-weißen, weichen Scherben und sind in Unterglasurtechnik gearbeitet.
Stilistisch lassen sich drei Gruppen unterscheiden: im 15. Jahrhundert entstand eine Ware
mit schwarzer Bemalung unter türkisfarbener oder leuchtend grüner Glasur, die zusätz-
lich Ritzungen aufweist. Charakteristisch sind Kompositionen mit Medaillons oder
bogenförmigen Flächen, die um ein Mittelfeld angeordnet sind. Vier Stücke aus dieser
Gruppe sind inschriftlich zwischen 1469 bis 1495 datiert. Dieser Typus mit schwarzer
85 Bemalung unter türkisfarbener oder grüner Glasur war im 16.Jahrhundert weiterhin
gebräuchlich, wenngleich mit abgewandelten Dekoren. Eine zweite Gruppe imitiert in
Form, Dekor und Farbstellung chinesische Blau-Weiß-Porzellane. Die schweren Teller
mit weitem Fußring zeigen als typische Elemente das chinesische Felsen-Wellen-Muster,
Lotusblüten, Chrysanthemen, aber auch stilisierte Landschaften mit Tieren, Vögeln und
Bäumen in symmetrischer Anordnung. Die dritte und letzte Gruppe der Kubatschi-Kera-

miken zeigt farbenfrohe Dekore in bis zu sechs Farben, die stilistisch und in ihrer Farb-
gebung den Einfluß der gleichzeitigen Iznik-Keramiken erkennen lassen. Es überwiegen
florale Dekore in richtungsbezogenen Kompositionen, seltener sind auch Tiere oder 81
Vögel dargestellt. Eine Reihe von Schalen, aber auch Fliesen, zeigen figürliche Darstel-
lungen. In einem Stil, der an die gleichzeitige Miniaturmalerei anknüpft, sind Jünglinge
und Frauen dargestellt.

Seit dem frühen 16. Jahrhundert entstand eine umfangreiche Gruppe von Keramiken, die
in Form und Dekor chinesisches Porzellan imitierten, wobei die Blau-Weiß-Porzellane
der Wan-Li Epoche (1573–1619) das einflußreichste Vorbild waren. Neben Stücken,
deren Dekor traditionelle islamische und chinesische Motive vereint, wurden auch regel-
rechte Imitationen hergestellt, die sogar die kaiserlichen Marken (nian hao) des chinesi-
schen Porzellans nachahmten. Sie entstanden einerseits als einheimische Konkurrenz zu
dem importierten Porzellan, wurden aber auch exportiert – vorwiegend nach Südost-
asien. Als Produktionszentren der feinsten persischen Blau-Weiß-Keramik nennen
europäische Reisende des 17. Jahrhunderts Meschhed, Yazd und Kirman. 86–90

Ebenfalls in Kirman entstanden in der zweiten Hälfte des 17. Jahrhunderts Keramiken
mit polychromen, monochromen und seladonfarbigen Dekoren. Die polychromen
Dekore stellen im Grunde eine Variante der Blau-Weiß Dekore dar, deren Farb- und For-
menpalette sie um ein reliefartig dick aufgetragenes Rot, Olivgrün, Schwarz und Gelb
bereichern. Die polychrom angelegten Mustereinheiten sind als gerahmte Felder in
bewußten Kontrast gesetzt zu der übrigen, in Blau-Weiß dekorierten Fläche. Diesen
Gegensatz greift auch das Motivrepertoire auf. Während die Blau-Weiß bemalten
Flächen Dekore chinesischen Ursprungs zeigen, sind die Arabesken und zarten Blüten
der polychromen Felder eindeutig persisch im Charakter. Dieselben Arabesken und Blü-
ten zeigen auch die sogenannten monochromen Keramiken, die ebenfalls Kirman zuge-
schrieben werden. Ein farbiger Schlicker in grünlichen bis bräunlichen Tönen bildet den
Hintergrund für den in weißer Schlickerbemalung aufgetragenen Dekor. Die Anregung 97
für die Formen und die Farbstellung dieser monochromen Keramiken lieferten chinesi-
sche Seladon-Porzellane.

Eine zweite Gruppe monochrom dekorierter Keramiken ist in leuchtendem Kobaltblau
grundiert und zeigt einen eingeschnittenen Dekor, der weiß gegen den farbigen Grund 95
hervortritt. Dieses Verfahren, mit den kontrastierenden Farben von Anguß und weißem
Scherben zu arbeiten, wurde in Iran erstmals im 12. Jahrhundert eingesetzt und erlebte im
17. Jahrhundert eine Renaissance. Das gleiche gilt auch für die Technik der Lüsterbema-
lung, die im 17. Jahrhundert wieder auflebte, wenngleich in einem unterschiedlichen Stil 99 100
und neuer Farbigkeit. Schlanke, facettierte Flaschen, kleine Schalen, Teller und Weinfla-
schen sind in unterschiedlichen Tönen von braun über violett bis rubinrot bemalt. Der
Grund ist häufig ganz oder partiell blau eingefärbt. Der Dekor der Lüsterkeramiken zeigt
keinerlei chinesische Einflüsse, sondern ähnelt den in Gold gezeichneten Randillumina-
tionen der gleichzeitigen Bücher. Tiere und Vögel bevölkern dicht angelegte Landschaf-
ten in einem zarten, naturalistischen Zeichenstil.

Ein zweiter Schwerpunkt der Keramikproduktion war die Herstellung von Fliesen.
Anknüpfend an timuridische Traditionen wurden ganze Fassaden und Innenräume mit
Fliesenmosaik und Fliesen verkleidet. Die Dekore waren abhängig von der Funktion der 150
Gebäude, die sie zierten. Während die Verkleidung von Medresen und Moscheen aussch-
ließlich florale Kompositionen zeigt, wurden Paläste und Pavillons ab dem frühen

17. Jahrhundert mit großflächigen Fliesengemälden in cuerda seca-Technik verkleidet.
Sie wurden aus quadratischen Einzelfliesen in übergreifender Komposition zusammen-
151 152 gesetzt und zeigen Szenen aus dem höfischen Leben, die stilistisch der gleichzeitigen
Miniaturmalerei nahestehen.

Nach dem Fall der Safaviden 1732 und der afghanischen Invasion erlebte der Iran im 18. Jahrhundert eine Zeit innenpolitischer Wirren und einen Rückgang seiner wirtschaftlichen Prosperität. Dies änderte sich erst unter der Herrschaft von Karim Khan Zand (1750–1779) und wenig später unter der Dynastie der Kadscharen (1783–1924). Unter Karim Khan Zand waren es ehrgeizige Bauprojekte in der Hauptstadt Schiras, die der Keramikindustrie einen neuen Impetus gaben. Es entstanden Fliesengemälde im safavidischen Stil in einer neuen Farbstellung, in der Schwarz und Blau dominierten, ergänzt durch ein mattes Grün, Braun, Gelb und Purpur. Unter der Herrschaft der nachfolgenden Kadscharendynastie wurde die Produktion von Baukeramik in der neuen, erweiterten Farbigkeit fortgesetzt. Außerdem entstanden unterschiedliche Typen von Gefäßkeramik, die zum Teil traditionelle Dekore und Techniken weiterführten. Neben wenig qualitätvoller Gebrauchsware mit Blau-Weiß Dekoren und Stücken mit monochromen Glasuren wurden auch Keramiken mit Lüsterbemalung hergestellt, die häufig mittelalterliche Vorbilder imitierten. Eine weitere Gruppe zeigt Dekore in reicher Farbigkeit, die stilistisch von chinesischen Porzellanen der „famille rose“ beeinflußt sind, aber auch Bezüge zu europäischen, vorwiegend französischen und Wiener-Porzellanen zeigen.

KATALOG

Die Profilzeichnungen
sind alle in dem selben Maßstab.

Die Keramik der Abbasidenzeit
Iran – Irak – Ägypten

1 SCHALE 12674

Iran oder Irak, 9. Jh.
H 6,2 cm, Dm 22,6 cm, Dm Standring 9,8 cm
Erworben 1958

Mittelfeiner, gelblich-grauer Scherben, gräulich-weiße, opake Glasur. Bemalung in Kobaltblau, in die rohe Glasur aufgetragen. Aus mehreren Bruchstücken zusammengesetzt, geringfügige Ergänzungen, am Rand eine Ergänzung aus einem fremden Stück.
Schale auf niedrigem Standring mit bauchig gewölbter Wandung und ausgestellter Lippe.
Um den inneren Schalenrand ziehen sich zwölf Kreissegmente, begleitet von Doppelbögen sowie Punkten in deren Zwickeln. In der Schalenmitte eine Schriftzeile in stark stilisiertem Kufi-Duktus.
Die Form und die cremefarbene Glasur dieses Keramiktypus läßt sich auf Anregungen durch chinesisches Porzellan und Steinzeug zurückführen. Bei Ausgrabungen in Siraf am Persischen Golf – im 9. und 10. Jahrhundert einer der Hauptumschlagplätze für den Handel mit Fern-Ost – kamen große Mengen chinesischen Steinzeugs und Porzellans zutage. Dies bestätigt einmal mehr die aufgrund der Samarra-Funde aufgestellte These vom Einfluß chinesischer Keramik auf die Entwicklung der frühen islamischen Keramik.

Lit.: Düsseldorf (1973), S. 36, Nr. 25; Frankfurt (1974), S. 57, Nr. 138
Klein (1976), Abb. 1; Wiet (1933), S. 9, Taf. XVI

2 SCHALE 12720

Iran oder Irak, 9. Jh.
H 6,4 cm, Dm 22,8 cm, Dm Standring 11,7 cm
Erworben 1959

Feiner, weißer Scherben, opake, grauweiße Glasur, fein gesprüngelt, allseitig deckend, auch im Standring. Aus mehreren Teilen zusammengefügt, kleinere Ergänzungen.
Tiefe Schale auf niedrigem Fußring mit bauchig gewölbter Wandung und flach ausgezogenem Rand.
Anders als die meisten Schalen der Gruppe mit opaker, grauweißer Glasur hat diese Schale keinen zusätzlichen Dekor in Kobaltblau. Damit kommt sie den chinesischen Vorbildern, die gleichfalls schlicht und ohne weiteren Dekor waren, besonders nah.

3 GEFÄSS MIT AUSGUSS 12679

Iran oder Irak, 9.-10. Jh.
H 18,8 cm, Dm Öffnung 21,1 cm, Dm Standring 12,8 cm
Erworben 1958

Rosa-grauer Scherben, opake, grauweiße Glasur, nach dem Gefäßinneren abtropfend. Kobaltblaue Bemalung in Inglasurtechnik, Glasur fein gesprüngelt. Aus mehreren Bruchstücken zusammengesetzt, mehrere Ergänzungen.
Über niedrigem Fußring erst gerade, dann bauchig aufsteigende Wandung, nach oben hin eingezogen, konisch ausgestellter Hals. Seitlich in der Querachse des Gefäßes sind zwei horizontal auf der Schulter aufsetzende Henkel angebracht, aus Wülsten geformt und am Ansatz verstrichen, in der Längsachse ein weiterer Henkel mit Daumenruhe sowie gegenüberliegend eine schräg nach oben gerichtete Ausgußtülle.
Im oberen Bereich der Wandung läuft ein Schriftband um, in hellem Kobaltblau, in dünn ausgezogenem Kufi-Duktus, mit blattartig ausgeformten Hasten (Transkr. u. Übers. s. Anhang).
Die Form des Gefäßes ist ungewöhnlich, vergleichbare Formen finden sich bei der unglasierten Gebrauchsware aus Nischapur.

Lit.: Frankfurt (1974), Nr. 139
Vgl.: Ghouchani (1986), S. 72, Nr. 26; TOCS (1975-77), Farbtafel D 2; Wilkinson (1973), S. 321, Nr. 95

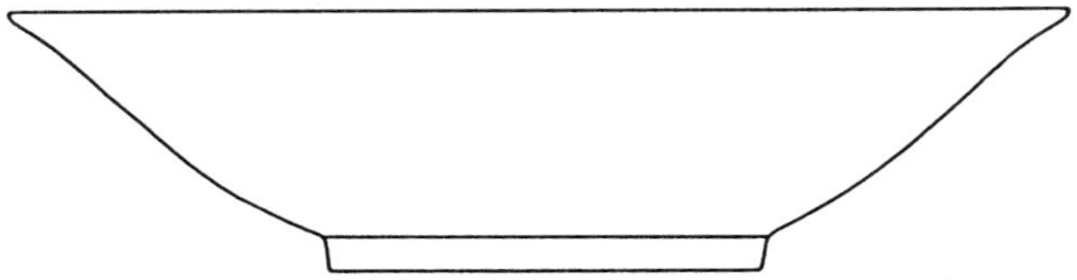

4 SCHALE 12394

Ägypten, Mitte 10. Jh.
H 7,5 cm, Dm 29,5 cm, Dm Standring 12,5 cm
Erworben 1954

Feiner, gelblicher Scherben, allseitig deckende, opake Glasur, auch im Fußring. Bemalung in grünlichgoldenem Lüster. Aus mehreren Stücken zusammengesetzt, am Rand geringfügige Ergänzungen.
Schale auf niedrigem Fußring mit deutlich abgesetztem Spiegel, leicht gewölbter Wandung und nach außen geschwungenem Rand.
Im Fond ein achtstrahliger Stern in kreisförmigem Rahmen, durch radiale Streifen und Pfauenaugenmotive gegliedert. Die Wandung ist radial in acht Felder unterteilt. Die Abschnitte füllt abwechselnd ein aus Palmettblättern und Rauten zusammengesetztes Motiv sowie eine Schriftzeile in Lüster auf weiß. Die Schriftzeile ist im Kufi-Duktus geschrieben, kennzeichnend sind die kräftige Zeichnung, die hakenförmigen oberen Abschlüsse der Hasten und eine aus einem verlängerten Buchstaben bestehende, gemeinsame Grundlinie.
Auf der äußeren Wandung ebenfalls vier radial angeordnete Felder mit Schriftzeile. Im Fußring eine Signatur (Transkr. u. Übers. s. Anhang).
Die Schale gehört zu einer Mitte des 10. Jahrhunderts zu datierenden Gruppe monochromer Lüsterkeramiken, die in Dekor und Schriftduktus auffällige Übereinstimmungen aufweisen und Beziehungen zu gleichzeitigen Holzarbeiten erkennen lassen.

Lit.: Frankfurt (1956), S. 63, Nr. 324, Abb. 53
Vgl.: Düsseldorf (1973), Nr. 105; Philon (1980), S. 297f

5 KLEINE SCHALE 13346

Irak, 9.-10. Jh.
H 4,5 cm, Dm 14,1 cm, Dm Standring 4,6 cm
Erworben 1971

Mittelfeiner, heller Ton. Opake, weiße Glasur, allseitig deckend. Bemalung in grünlich-goldfarbenem Lüster. Aus wenigen Bruchstücken zusammengesetzt.
Niedrige Schale auf Standring mit bauchig gewölbter Wandung und leicht ausgestelltem Rand.
Um den inneren Rand des Schälchens ziehen sich vierzehn Kreissegmente, die als Rahmen dienen für die großformatige Darstellung einer Vogelfigur. Der Vogel ist im Profil dargestellt, nach links schreitend. Details, wie das Auge, ein Halsband und ein kreisförmiges Element im Bereich des Flügelansatzes sind in Weiß hervorgehoben. Am Kopf des Vogels setzt ein langer Schopf an, möglicherweise handelt es sich hier um die mißverstandene Wiedergabe eines in der sasanidischen Kunst üblichen Motivs, der nach hinten wehenden Schärpe. Der Hintergrund wird durch kurze, regelmäßig gesetzte Striche gefüllt, von denen die Umrisse der Vogelfigur durch eine schmale weiße Silhouette abgesetzt sind. Diese Art und Weise den Hintergrund mit Punkten oder Strichen zu beleben, ist typisch für die Gruppe von Keramiken, zu der das Schälchen zählt. Sie läßt sich wahrscheinlich aus einer Technik der Edelmetallverarbeitung herleiten, bei der der Grund durch Punzieren mattiert wird.
Die Außenseite der Schale zeigt den für die abbasidische Lüsterkeramiken typischen Dekor aus ineinander gelegten Kreisformen und kurzen, rythmisch gesetzten Strichen, die mit kleinen Punkten besetzt werden.

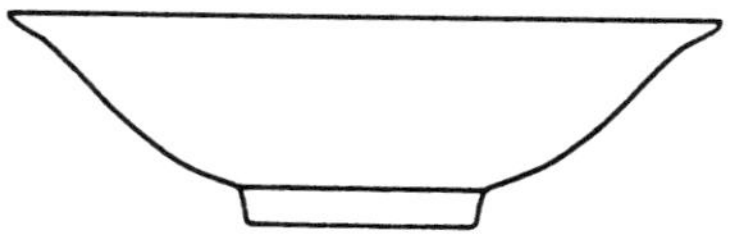

Vgl.: Grube (1976), S. 67, Nr. 29 und S. 50

Provinzielle iranische Keramik

6 SCHALE MIT AUSGUSS 13298

Iran, Nischapur, 10. Jh.
H 8 cm, Dm 20,5 cm, Dm Standring 9 cm
Erworben 1969

Feiner, rosa Scherben mit allseitig deckendem, weißen Anguß. Bemalung in Manganschwarz und Tomatenrot. Transparente Glasur, allseitig deckend, leicht grünlich schimmernd. Aus mehreren Teilen zusammengesetzt, eine Ergänzung.
Über niedrigem Fußring aufsteigende, bauchig gewölbte Schale mit Ausguß. Der obere Rand der Wandung ist in Form eines schmalen Steges über den Ausguß hinweg fortgeführt.
Um den oberen Innenrand der Schale läuft ein Schriftband in Tomatenrot. Eine mehrfach wiederholte Buchstabenfolge in stark stilisiertem Kufi ist hier zum Ornament geworden. Dieselbe Buchstabenfolge findet sich auch auf der Schale Katalog-Nr. 7 (Transkr. und Übers. s. Anhang). Im Ausguß ein schwarzes Kreis-Punkt Motiv.
Die hier verwirklichte Form einer Ausgußschale war im 11. Jahrhundert offensichtlich eine Standardform der Werkstätten im Nordosten des Iran, dafür sprechen mehrere erhaltene Vergleichsstücke. Im übrigen jedoch hat diese Keramikform in der islamischen Welt keine Nachfolge gefunden.

Vgl.: Düsseldorf (1973), Nr. 42; Jenkins (1983), S. 28; Wilkinson (1973), S. 97, Nr. 16a u.b

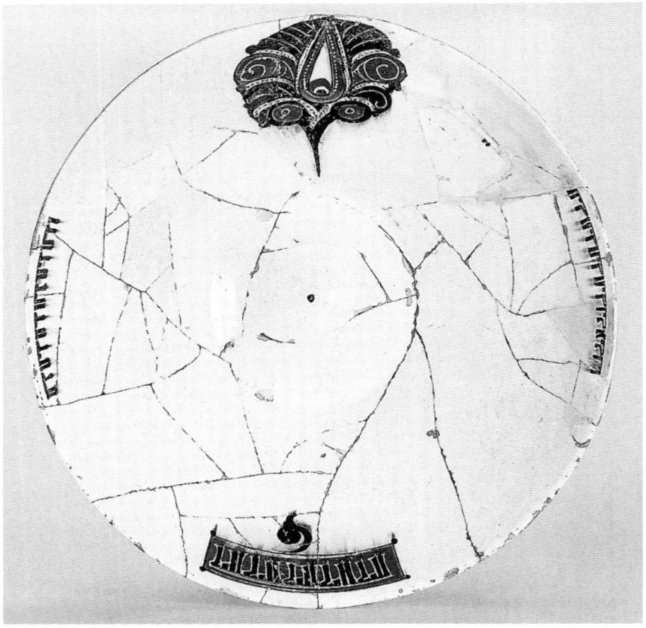

7 SCHALE 12636

Iran, Nischapur, 10. Jh.
H 12,5 cm, Dm 36 cm, Dm Standring 12,3 cm
Erworben 1957

Feiner, rosa Scherben, allseitig deckender, weißer Anguß. Bemalung in Manganschwarz, Tomatenrot und Olivgrün unter transparenter, farbloser Glasur. Aus zahlreichen Teilen zusammengesetzt, teilweise Ergänzungen aus anderen Objekten.
Über einem niedrigen Fußring ansetzende, konisch und gerade ansteigende Wandung, deutlich abgesetzter Spiegel.
Beherrschendes Dekorelement ist eine große Palmette am oberen Rand der Wandung in den Farben Manganschwarz, Rot und Olivgrün. Details der Binnenzeichnung sind geritzt. Auf der gegenüberliegenden Seite zieht sich ein Schriftband in Manganschwarz vor rotem Grund um den oberen Rand der Schale. Eine fünfmal wiederholte Buchstabenfolge in stark stilisiertem Kufi ist hier zum Ornament geworden. Dieselbe Schriftzeile, in Schwarz vor Weiß dargestellt, ist rechts und links der Palmette wiederholt. Über dem mittleren Schriftband ist zusätzlich eine eingerollte Blattform gezeichnet,

die möglicherweise als der arabische Buchstabe „waw“ zu lesen ist. Die Palmette läßt in ihrer Stilisierung Beziehungen zur gleichzeitigen Buchkunst erkennen. In Koranhandschriften des 9. Jahrhunderts und später bezeichneten ähnliche Zierformen den Surenanfang.

Lit.: Düsseldorf (1973), Nr. 40; Erdmann (1967), Abb. 36; Frankfurt (1974), S. 58, Nr. 144

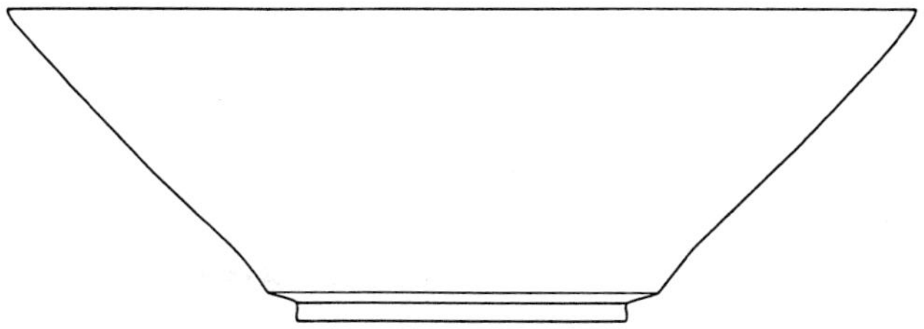

8 SCHALE 13202

Iran, Nischapur, 10. Jh.
H 7,5 cm, Dm 25 cm, Dm Standring 9,7 cm
Erworben 1965

Feiner, rosafarbener Scherben, allseitig deckender, weißer Anguß. Rote und manganschwarze Bemalung unter transparenter, farbloser Glasur, unter der Glasur Verunreinigungen. Aus mehreren Teilen zusammengesetzt.
Schale auf niedrigem Fußring mit gerader, konisch ansteigender Wandung, deutlich abgesetzter Spiegel.
Um den oberen Rand der inneren Wandung zieht sich ein Schriftband im Kufi-Duktus, in manganschwarz gemalt. Die Schrift zeichnet sich aus durch äußerste Einfachheit. Die verschiedenen Buchstaben sind auf wenige geometrische Grundformen reduziert. Den Rythmus des Dekors bestimmen die vertikalen Hasten der arabischen Schrift, die in regelmäßigen Abständen in das Schaleninnere weisen. Die Balance in den Abständen der Hasten untereinander wird dadurch erzielt, daß die Grundformen der anderen, dazwischenstehender Buchstaben gedehnt werden (Transskr. u. Übers s. Anhang).
Ein zweiter, roter Streifen, der etwa in der Mitte der inneren Wandung umläuft, bildet einen optischen Abschluß und Rahmen für das Schriftband. Die Mitte des Schalenbodens markiert ein manganschwarzer Punkt.
Die Form der Schale mit den geraden, konisch ansteigenden Wänden und dem scharf abgesetzten Fuß ist einem Silber-Prototyp nachempfunden. Auch der Dekor, der ausschließlich auf kalligraphisch ausgeführten Schriftbändern basiert, läßt an gleichzeitige Silberarbeiten denken. Bei diesen sind die Schriftbänder in Niello-Technik gearbeitet und heben sich dunkel vom hellen Grund ab. Der offensichtlichste Unterschied zwischen den Silber-Prototypen und den Keramikschalen liegt im Inhalt der Schriftbänder. Während die Keramikbeispiele in der Regel moralische Leitsprüche zum Besten geben, tragen die Silberarbeiten den Namen des Auftraggebers und standardisierte Glückwunschformeln.

Lit.: Frankfurt (1974), S. 57, Nr. 140
Vgl.: Ghouchani (1986), S. 22, Abb. 35; S. 202, Abb. 91; Raby (1985), S. 179-203

9 SCHALE 13320

Iran, Nischapur, 10. Jh.
H 9 cm, Dm 27,5 cm, Dm Standring 12 cm
Erworben 1970

Rötlicher, mittelfeiner Scherben, allseitig deckender weißer Anguß. Bemalung in Rot und Manganschwarz unter transparenter, farbloser, allseitig deckender Glasur. Aus zahlreichen Stücken zusammengesetzt, geringfügige Ergänzungen.
Tiefe Schale auf niedrigem Standring mit konisch ansteigender, gerader Wandung, deutlich abgesetzter Spiegel.
Um den oberen Rand der inneren Wandung läuft ein Schriftband in stilisiertem Kufi-Duktus. Der hier zur Anwendung gekommene Schrifttypus zählt zu einer sehr komplexen Form des Kufi-Duktus. Nicht nur werden die Buchstaben selbst durch Verknotungen und Dehnung transformiert, sondern es werden auch zusätzliche Dekorelemente wie Palmettblätter und kleine Bogen oder Dreipaßformen eingefügt. Als ein weiteres rythmisierendes Element sind in regelmäßigen Abständen Buchstaben rot hervorgehoben (Transskr. u. Übers. s. Anhang).

Lit.: Frankfurt (1974), S. 58, Nr. 143
Vgl.: Kopenhagen (1990), S. 84, Nr. 69

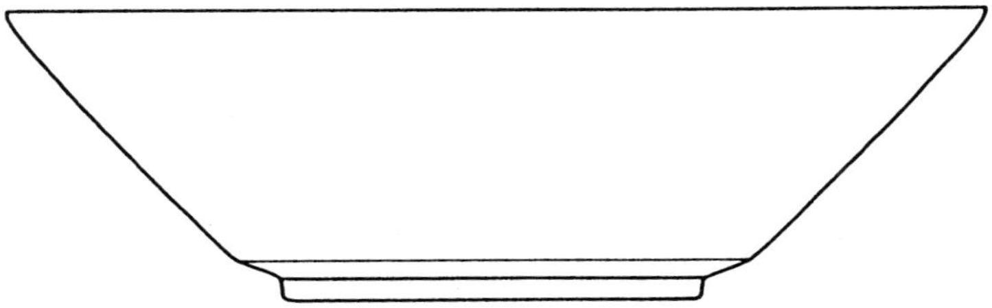

10 SCHALE 12676

Iran, Nischapur, 10. Jh.
H 7,3 cm, Dm 24,2 cm, Dm Standfläche 12,4 cm
Erworben 1958

Feiner, rosafarbener Scherben mit allseitig deckendem, weißen Anguß. Manganschwarze Bemalung unter transparenter, farbloser Glasur. Aus mehreren Bruchstücken zusammengefügt, geringfügige Ergänzungen.
Tiefe Schale auf flacher Standfläche mit abgesetztem innerem Ring. Konisch und gerade ansteigende Wandung, im oberen Bereich leicht eingezogen.

In der Schalenmitte ist in Manganschwarz ein Vogel dargestellt, nach links gewandt und mit langem Hals und ausgebreiteten Flügeln. Die Flügel sind zu Halbpalmetten stilisiert. Rechts und links des Vogels je drei Tupfen, pyramidenförmig angeordnet. Zu Kopf und zu Füßen des Vogels ein invers dargestelltes Schriftband in blühendem Kufi, das mit einer Zackenborte zum Schalenrand hin abschließt. Jedes der beiden Schriftbänder enthält zweimal das Wort „baraka", was soviel bedeutet wie „Segen". Den Rand der Schale rahmt ein schmaler schwarzer Streifen.
Der hier dargestellte Vogel ist ein beliebtes Dekorelement frühislamischer Keramiken aus Nordostiran. Er findet sich in unterschiedlichster Qualität der Ausführung.

Lit.: Düsseldorf (1973), S. 44, Nr. 38; Erdmann (1967), Abb. 38; Frankfurt (1974), S. 57, Nr. 141
Vgl.: Ghouchani (1986), S. 187f, Abb. 83; Wilkinson (1973), S. 94f, Nr. 5

11 SCHALE (Farbabb. s. S. 149) 12675

Iran, Nischapur, 10. Jh.
H 7 cm, Dm 21,7 cm, Dm Standfläche 9 cm
Erworben 1958

Feiner, graurosa Scherben, Bemalung in Manganschwarz, Rot, Gelb und Grün. Transparente, farblose Glasur, größtenteils abgeschliffen. Aus mehreren Bruchstücken zusammengesetzt.
Schale auf gerader Standfläche mit bauchig gewölbter Wandung.
Das Schaleninnere gliedern konzentrische Kreise. Das Mittelfeld zeigt als zentrales Motiv einen Steinbock und einen Pfau, nach links gewandt, in manganschwarzer Konturzeichnung. Zwischen den beiden in der Schalenmitte ein Schriftzug in stark vereinfachtem blühenden Kufi. Über den verbleibenden freien Grund der Schale sind Punkt- und Rosettenmotive gestreut sowie zweimal der Schriftzug „baraka"-Segen. Das Innenfeld rahmt ein breiter roter Streifen, darüber schließt ein umlaufendes Pseudo-Schriftband an.
Die Kombination von Steinbock- und Vogeldarstellungen, verschiedenen Streumustern sowie die Verwendung von zum Teil bis zur Unleserlichkeit stilisierten Kufiinschriften kennzeichnet einen Typus der in Nischapur hergestellten Keramik. Dekore, die die Darstellung eines Steinbockes und einer Vogelfigur miteinander kombinieren, sind darüber hinaus ein geläufiges Motiv der frühislamischen Keramik aus dem Nordosten des Iran. Charakteristisch ist die Art der Darstellung ohne eine gemeinsame Bildebene, sondern gleichsam um einen imaginären Mittelpunkt kreisend. Ein aktueller Deutungsversuch interpretiert diese Darstellungen als Abbildungen von Sternkonstellationen.

Vgl.: Zick-Nissen (1975), S. 217ff

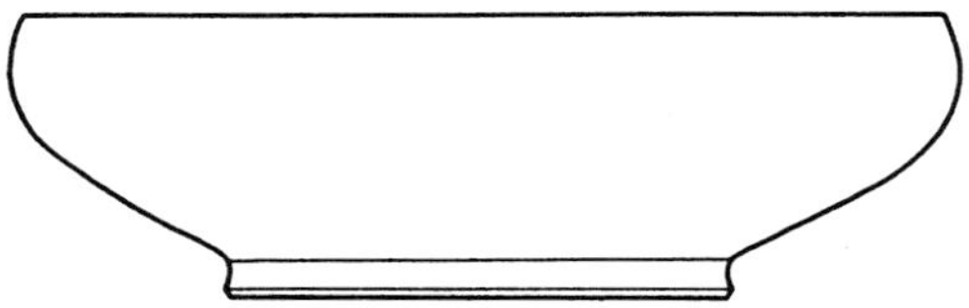

12 SCHALE 12681

Nordostiran, 10. Jh.
H 6,5 cm, Dm 18,5 cm, Dm Standfläche 10,2 cm
Erworben 1958

Feiner, rosafarbener Scherben. Bemalung in Manganschwarz, Grün und Gelb, Glasur abgerieben. Aus sechs Bruchstücken zusammengesetzt, eine Ergänzung.
Niedrige Schale auf gerader Standfläche mit schwach bauchiger, oben eingezogener Wandung.
Das Schaleninnere gliedern fünf annähernd rautenförmige Formen, die ein großes, in einen Kreis eingeschriebenes Polygon bilden. Zwei dieser Felder füllen s-förmige Elemente, die ein gitterartiges Rankenmuster bilden. In zwei weiteren Feldern wünscht ein Schriftzug in stark vereinfachtem blühenden Kufi dem Besitzer „baraka" – Segen. Ein Feld füllen kleine Kreuzformen. Um den inneren Rand läuft ein rythmisches Muster aus gegenständig angeordneten Halbkreisformen. Auf der äußeren Wandung abwechselnd Spitzovale und senkrechte Striche. Dieser Dekor ist in schwarzer Schlickermalerei ausgeführt, zusätzliche Farbakzente werden durch Tupfen in gelber und grüner Glasurfarbe gegeben.
Ob der Dekor über einen weißen Anguß aufgetragen wurde ist nach dem Augenschein schwer zu beurteilen, ebenso die Frage, ob eine Glasur vorhanden war. Stilistisch steht die Schale einem Stück nahe, das in Nischapur gefunden wurde und das C.F.Wilkinson in die Gruppe der „Buff-ware" einordnet. Bei den Keramiken dieser Gruppe wird der Dekor direkt auf den Scherben aufgetragen und mit einer farblosen Glasur überzogen.

Vgl.: Wilkinson (1973), S. 15, Nr. 46

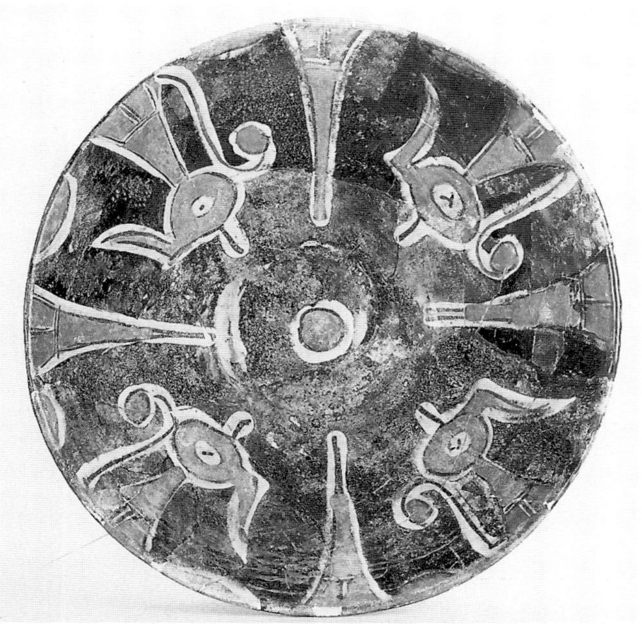

13 SCHALE 12634

Iran, Nischapur, 10. Jh.
H 9,5 cm, Dm 25,7 cm, Dm Standfläche 10,6 cm
Erworben 1957

Mittelfeiner, rosabrauner Scherben, schwarzer Anguß, innen und außen. Bemalung in Olivgrün, Tomatenrot, Weiß und gelb ausfärbendem Braun, transparente, farblose, allseitig deckende Glasur. Aus mehreren Bruchstücken zusammengesetzt, eine große Ergänzung.
Schale auf flacher Standfläche mit gerader, konisch ansteigender Wandung.
Die Mitte der schwarzgrundigen Schale markiert ein roter Punkt, von einer feinen braunen Konturlinie und einem breiten weißen Abschnitt gerahmt. Die Wandung zeigt kreuzförmig angeordnet vier Motive, die als stilisierte Wasserkannen mit rundem Körper, geschwungenem Griff und Ausgußtülle gedeutet werden könnten, in Olivgrün vor weißem Grund. In den Zwischenräumen vier Motive, die in Form und Farbstellung den Hals der Kannen wieder auf-

nehmen. Um den oberen Rand der Schale laufen acht Kreissegmente in Olivgrün vor weißer Silhouette. Die Umrisse des Dekors sind größtenteils mit einer feinen braunen Konturlinie nachgezogen, wobei die braune Farbe die Tendenz zeigt, leuchtendgelb in die Glasur abzuschwimmen. Dieselbe Erscheinung zeigt sich bei anderen Stücken der auf farbigem Anguß bemalten Nischapur-Keramiken ebenfalls.
Wasserkannen als Motiv eines Dekors sind auch an anderen Beispielen frühislamischer Keramik zu belegen. Einen ganz ähnlichen Kannentypus zeigt etwa eine irakische Lüsterschale, die in das 10. Jahrhundert datiert wird und sich in der Keir-Collection befindet. Aus Nischapur hingegen stammt eine große Schale mit Kannenmotiv im British Museum.

Vgl.: Fehervari (1973) S. 54, Abb. b ; Grube (1976) S. 61, Nr. 20

14 SCHALE 13170

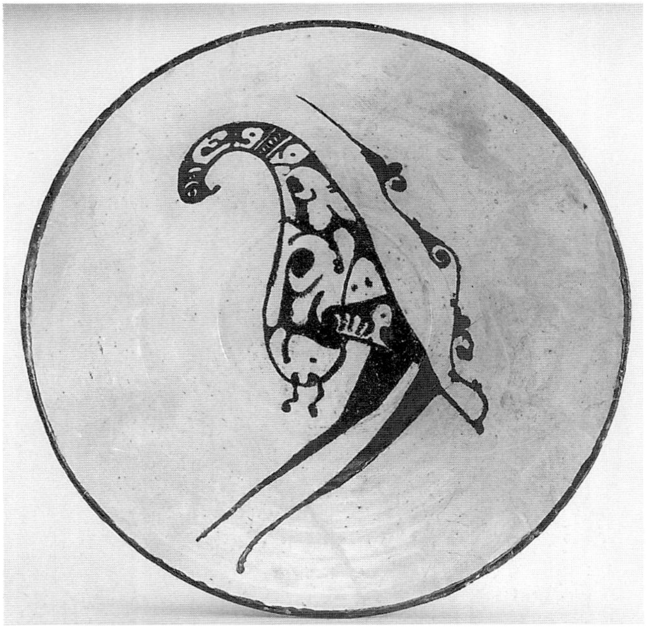

Iran, Nischapur, 10. Jh.
H 8,2 cm, Dm 24,7 cm, Dm Standfläche 15,5 cm
Erworben 1964

Feiner, rosafarbener Scherben. Weißer Anguß, innen und außen. Bemalung in Manganschwarz.
Flache Schale auf nach innen eingezogener Standfläche mit gerader, konisch ansteigender Wandung, und deutlich abgesetztem Spiegel.
Um den oberen Rand der Schale zieht sich ein schmaler schwarzer Streifen. Eine große, ornamental verfremdete Vogelfigur bildet den einzigen Dekor der Schale. Dargestellt ist ein langhalsiger Vogel mit nach unten eingedrehtem Kopf und langen Schwanzfedern, die zum Teil in eine Palmettranke auslaufen. Auf dem Körper des Vogels sind in Weiß Motive ausgespart, die an Schriftzüge in blühendem Kufi erinnern. Am Hals des Vogels ist ein Halsband angedeutet.
Der Dekor der Schale vereint Elemente zweier verschiedener Gruppen der nach ihrem Hauptfundort benannten Nischapur-Keramik. Kalligraphische Dekorelemente in vegetabiler Stilisierung sind kombiniert mit der Darstellung ornamental überzeichneter Vogelfiguren. Damit wird hier zu einem sehr frühen Zeitpunkt bereits ein dekorativer Ansatz verwirklicht, der seine eigentliche Blütezeit wesentlich später hatte. Gemeint ist die Kombination kalligraphischer Elemente mit figürlichen Darstellungen, die ihre höchste Ausformung im „sprechenden Kufi" des 12. Jahrhunderts fand.

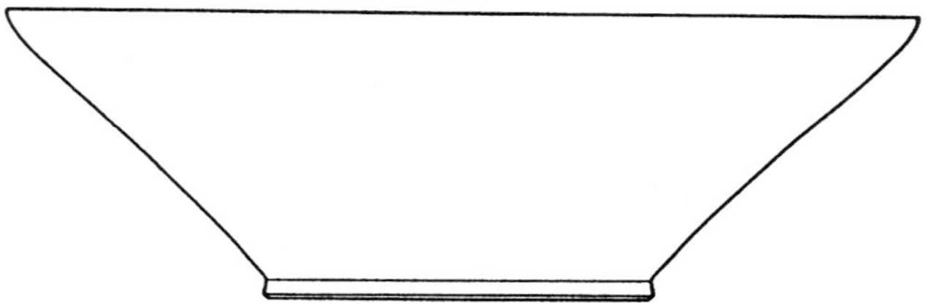

Lit.: Frankfurt (1974), S. 58, Nr. 142; Frankfurt (1987), S. 148 f
Vgl.: Atil (1973), S. 31, Nr. 9; Lane (1947), Ab. 14a; Wilkinson (1963), S. 5, Abb. 22

15 SCHALE 12642

Iran, Ende 10. Jh.
H 7,5 cm, Dm 19,5 cm, Dm Standfläche 6,8 cm
Erworben 1957

Feiner, rosabrauner Scherben, weißer Anguß, außen nur im oberen Drittel. Bemalung in Hellbraun, Manganbraun und Grün, transparente, gelbliche Glasur. Aus mehreren Bruchstücken zusammengesetzt, geringfügige Ergänzungen.
Dünnwandige Schale auf gerader Standfläche mit leicht bauchig geschwungener, oben ausgestellter Wandung.
Das Schaleninnere ist durch ein Achsenkreuz in Grün in vier Abschnitte unterteilt, die dadurch entstandenen Sektoren füllt ein geometrischer Dekor von versetzt angeordneten Strichen und Punkten. Auf dem oberen äußeren Rand der Schale umlaufend ein Pfauenaugenmuster in Braun.
Der Dekor der Schale ähnelt in Komposition und Auswahl der Einzelelemente den gleichzeitigen polychromen Lüsterkeramiken, die möglicherweise als Vorbild dienten.

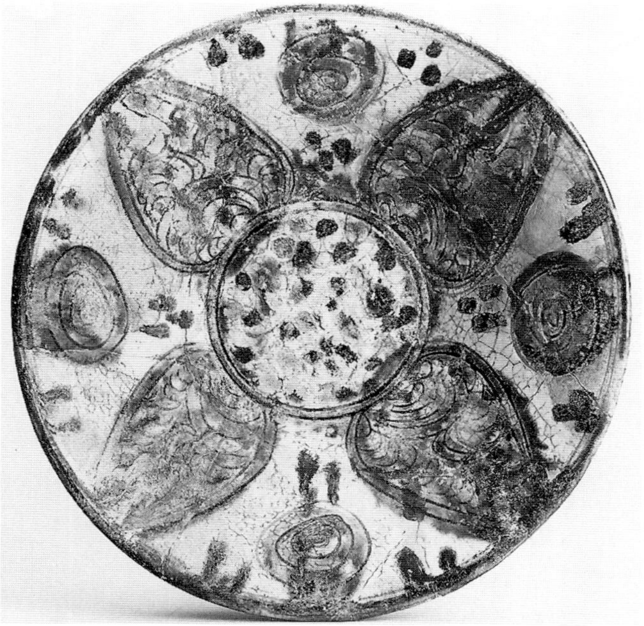

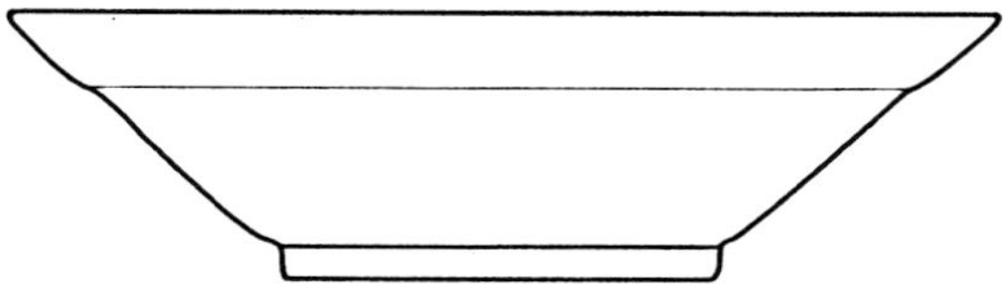

16 SCHALE 12645

Iran, 10. Jh.
H 5,5 cm, Dm 20,3 cm, Dm Standfläche 9 cm
Erworben 1957

Mittelfeiner, dunkelrosa Scherben, allseitig deckender, weißer Anguß. Bemalung in Manganbraun, Ockergelb und Grün, in die Glasur abgelaufen, farblose, transparente Glasur. Im Spiegel Spuren von Brennhilfen. Aus mehreren Bruchstücken zusammengesetzt, zwei Ergänzungen.
Flache Schale auf ebener Standfläche mit gerader, über einem kleinen Absatz ansetzender Wandung.
Der Dekor der Schale ist geritzt. Im Spiegel eine vierblättrige Rosette mit doppelter Umrißlinie, in der Wandung vier radial angeordnete Rosettblüten. Die Flächen zwischen den Blüten sind mit Spiral- und Schuppenmotiven gefüllt. Ein zusätzlicher dekorativer Effekt wird durch die verschiedenfarbigen Laufglasuren erzielt, die allerdings in keinem inhaltlichen Bezug zu dem Ritzmuster stehen. Dasselbe Ritzmuster findet sich auf Schalen aus den Grabungen in Nischapur, Laschkari-Bazar und Tacht i-Suleiman. Die von den jeweiligen Ausgräbern angenommenen Datierungen variieren zwischen dem 9. Jahrhundert (Nischapur) und dem 11. Jahrhundert (Laschkari-Bazar).

Vgl.: Wilkinson (1973), S. 63, Nr. 30; S. 65, Nr. 46; S. 69, Nr. 67

17 SCHALE 12704

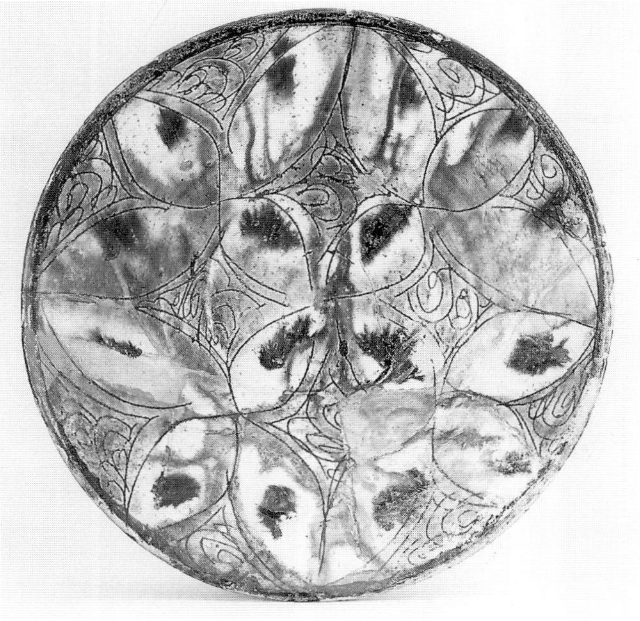

Iran, 10. Jh.
H 7,3 cm, Dm 24,7 cm, Dm Standfläche 11,3 cm
Erworben 1958

Feiner, rosafarbener Scherben, weißer Anguß. Bemalung in Manganbraun, Ockergelb und Grün, in die Glasur verlaufen. Transparente, farblose, gesprüngelte Glasur. Im Spiegel Spuren von Brennhilfen. Aus mehreren Bruchstücken zusammengesetzt, geringfügige Ergänzungen.
Flache Schale auf gerader Standfläche mit gerader, oben leicht ausgestellter Wandung, deutlich abgesetzter Spiegel.
Um den inneren Rand der Schale läuft ein rahmender Streifen in Grün. Das Schaleninnere füllt ein farbig betonter Ritzddekor: zwei konzentrische Kreise rahmen den Spiegel, der mit Punkten in Ockergelb, Manganbraun und Grün gefüllt ist. Die Wandung gliedern vier kreuzförmig angeordnete Blätter mit doppelter Umrißlinie und halbkreisförmigen, versetzt angeordneten Ritzmustern. In den Zwischenräumen zwischen den Blättern vier Spiralen. Die Ritzmuster der Wandung werden zusätzlich betont durch eine überwiegend smaragdgrüne, teilweise aber auch ockergelbe und manganbraune Bemalung, welche die durch die Ritzmuster vorgegebenen Formen wiederaufnimmt.

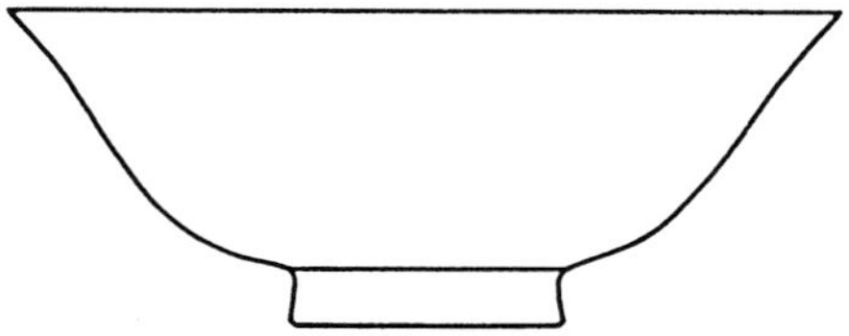

18 SCHALE 12680

Iran, 10.-11. Jh.
H 7 cm, Dm 16,7 cm, Dm Standring 5,7 cm
Erworben 1958

Feiner, rosafarbener Scherben, allseitig deckender, weißer Anguß, außen weitgehend abgeplatzt. Bemalung in Manganbraun und Grün, transparente, farblose Glasur. Aus mehreren Bruchstücken zusammengesetzt, eine Ergänzung.
Kleine Schale auf hohem Fußring mit bauchig gewölbter, dann gerade ansteigender Wandung, am Rand leicht ausgestellt.
Ausgehend von einem zentralen Kreismotiv wird das Schaleninnere durch breite, halbkreisförmig gezogene Pinselstriche in drei Ovale unterteilt. In diese ovalen Felder ist je ein nach links gewandter Vogel gezeichnet, ohne Angabe näherer Einzelheiten. Den Hintergrund beleben braune Pünktchen und vereinzelte grüne Tupfen. Auf der äußeren Wandung nochmals nach links gewandte Vogelfiguren, von einer braunen umlaufenden Linie gerahmt und von manganfarbenen Tupfen halbkreisförmig überfangen.

19 SCHALE 12703

Iran, 10.-11. Jh.
H 6,8 cm, Dm 20,5 cm, Dm Standfläche 9 cm
Erworben 1958

Feiner, hellrosa Scherben, allseitig deckender, weißer Anguß. Bemalung in Manganschwarz unter transparenter, farbloser Glasur, grünlich schimmernd. Außen nur die obere Hälfte glasiert. Aus zahlreichen Bruchstücken zusammengesetzt, geringfügige Ergänzungen.
Schale auf gerader Standfläche mit bauchig gewölbter Wandung. Den inneren Rand der Wandung rahmt eine Zackenbordüre. Zentrales Motiv ist eine frontal dargestellte, heraldisch stilisierte Vogelfigur mit nach links gewandtem Kopf und ausgebreiteten Schwingen, die in der Form von Lanzettblättern stilisiert sind. Die Silhouette der Vogelfigur wird durch eine weiße Umrahmung hervorgehoben, der verbleibende Grund ist schwarz gepunktet. Auf der äußeren Wandung sind Reste von senkrechten Pinselstrichpaaren erkennbar. Ein vergleichbares Stück, dessen genaue Herkunft allerdings ebenfalls unbekannt ist, befindet sich in der Sammlung des Ashmolean-Museums in Oxford (Inv. Nr. 1978-1753).

Lit.: Stuttgart (1972), Nr. 139; Frankfurt (1974), S. 59, Nr. 146

20 SCHALE 12677

Iran, 10.-11. Jh.
H 8,6 cm, Dm 29,5 cm, Dm Standfläche 11 cm
Erworben 1958

Feiner, roter Scherben, im Schaleninneren weißer Anguß. Bemalung in Grün und Manganbraun, transparente farblose Glasur, stark abgerieben. Aus mehreren Bruchstücken zusammengesetzt, wenige Ergänzungen.
Niedrige Schale auf gerader Standfläche mit konisch aufsteigender Wandung.
Das Schaleninnere füllt eine große, mit grüner Umrißlinie wiedergegebene, fünfblättrige Rosettblüte. In die Zwickel zwischen den einzelnen Blättern sind zusätzliche Blattformen in Grün eingefügt. Dieser Dekor wird ergänzt und belebt durch braune Farbtupfen, die in regelmäßigen Abständen auf die Blätter und den verbleibenden Grund gesetzt sind.

Vgl.: Wilkinson (1973), S. 32 und 33

21 SCHALE 12721

Iran, Umkreis von Sari, 11. Jh.
H 8 cm, Dm 35,5 cm, Dm Standfläche 12,5 cm
Erworben 1959

Mittelfeiner, kräftigroter Scherben, weißer Anguß. Bemalung in Rot, Manganschwarz und grünlichem Braun, transparente, farblose Glasur, fast vollständig abgeblättert. Aus mehreren Bruchstücken zusammengesetzt, am Rand geringfügige Ergänzungen.
Flache Schale auf gerader Standfläche mit gerader, oben leicht nach außen geschwungener Wandung.
Beherrschender Dekor ist die Figur eines nach rechts springenden Steinbocks mit hoch erhobenen Vorderläufen. Um den Hals und den Bauch des Tieres laufen rote Zierbänder, mit weißen Punkten besetzt. Weiß gepunktete Spiralen markieren außerdem Schulter und Schenkel des Tieres. Unterhalb des Steinbockes ist als ein weiteres Dekorelement ein Vogel mit schwarz gepunktetem Gefieder dargestellt. Den verbleibenden Grund füllen vier große, rotgrundige Kreisformen, gerahmt von einem schwarzen Band mit weißen Punkten. Diese Kreisformen sind durch schwarze, rankenartige Linien untereinander verbunden. Den oberen Rand der Wandung rahmt ein Band schwarzer Punkte.
Eines der Hauptgestaltungsmittel der Keramik, die der Gegend um Sari zugeordnet wird, sind die Perlbandreihen. Y.Crowe verweist auf den möglichen Bezug zu textilen Mustern. Dies erscheint besonders einleuchtend, da die Stadt Sari nach Auskunft des arabischen Geographen al-Mukaddasi ein Zentrum der Textilproduktion war.

Lit.: Crowe (1987), S. 59; Frankfurt (1974), S. 59, Nr. 147; Stuttgart (1972), Nr. 141

22 TELLER 12722

Iran, Umkreis von Sari, 11. Jh.
H 5 cm, Dm 28 cm, Dm Standring 11,5 cm
Erworben 1959

Feiner, rötlicher Scherben, weißer Anguß. Bemalung in Mangan-schwarz, Olivgrün und Rot, transparente, farblose Glasur. Aus mehreren Bruchstücken zusammengesetzt, drei Ergänzungen.
Flacher Teller auf Fußring mit gerader Wandung und leicht ausgestellter Lippe.
Den Tellerrand rahmen schwarze Tupfen. Die Innenfläche füllt die großformatige Darstellung eines Vogels mit ausgebreiteten Schwingen und doppeltgefiedertem Schwanz. Die Konturzeichnung ist mit breitem schwarzen Pinselstrich ausgeführt und zusätzlich perlbandartig mit kleinen weißen Punkten besetzt. Den Körper des Vogels zieren schwarze Punkte. Zu Füßen des Vogels eine Pseudo-Schriftzeile.
Vogeldarstellungen gehören zum gängigen Repertoire der Keramik von Sari. Allerdings nicht, wie im vorliegenden Fall, in einer Kombination von Frontal- und Profilansicht, wobei der Vogel mit ausgebreiteten Schwingen dargestellt ist, während eine mandelförmige Aussparung auf der Körpermitte nochmals einen Flügel anzudeuten scheint. Ebenso ungewöhnlich ist das Pseudo-Schriftfeld zu Füßen des Vogels. Dafür fehlt der sonst übliche Kopfputz.

Lit.: Stuttgart (1972), Nr. 140; Frankfurt (1974), S. 58, Nr. 145

23 SCHALE (o. Abb.) 12963

Iran, Umkreis von Amol ?, 11. Jh.
H 17,4 cm, Dm 51,4 cm, Dm Standfläche 20,5 cm
Erworben 1960

Mittelfeiner, roter Scherben, weißer Anguß (?). Transparente, grüne Glasur, allseitig deckend, auch in der Standfläche, geritzter Dekor. Im Spiegel Spuren von drei Brennhilfen. Aus mehreren Bruchstücken zusammengesetzt, mehrere Ergänzungen.
Tiefe Schale auf gerader Standfläche mit gerader, konisch ansteigender Wandung.
Der Dekor der Schale besteht aus kleinen Spiral- und Kreismustern, die gleichmäßig über die gesamte Innenfläche der Schale gereiht sind. Um den oberen Rand der Schale zieht sich ein schmaler schwarzer Streifen.

24 SCHALE 13343

Iran, Garrus-Distrikt, 11.-12. Jh.
H 7,4 cm, Dm 16,5 cm, Dm Standfläche 6,2 cm
Erworben 1971

Mittelfeiner, braunrosa Scherben, weißer Anguß, außen im oberen Drittel der Wandung. Geschnittener Dekor in Champlevé-Technik, grünlich schimmernde, transparente Glasur. Aus mehreren Bruchstücken zusammengesetzt, geringfügige Ergänzungen.
Schale mit schwach bauchig geschwungener, oben leicht eingezogener Wandung auf leicht gewölbter Standfläche.
Zentrales Motiv des geschnittenen Dekors bildet eine sitzende Figur mit untergeschlagenen Beinen und auf die Oberschenkel gestützten Händen. Das Gesicht ist kreisrund, mit Schlitzaugen, Punkten auf den Wangen, wellenförmigen Augenbrauen und einem Kreuz auf der Stirn. Den Kopf umgibt ein flammenartig stilisierter Haarkranz. Diese Wiedergabe des Gesichtes entspricht in ihrer Stilisierung nicht den auf anderen Stücken dieser Gruppe üblichen Gestaltungen des menschlichen Gesichtes. Möglicherweise ist sie als Planetendarstellung, genauer als Darstellung der Sonne, zu verstehen. Allerdings entspricht die Haltung der dargestellten Figur nicht der üblichen Ikonographie. Man würde eine sitzende Figur erwarten, die mit erhobenen Armen eine Sonnenscheibe oder einen Flammennimbus vor das Gesicht hält.
Den Hintergrund des runden Mittelfeldes füllen Spiralranken mit Palmettblättern. Ein schmaler Streifen mit Schrägstrichen und ein zweiter breiterer Streifen mit Palmettranke bildet den Rahmen um das kreisrunde Mittelfeld.

Lit.: Frankfurt (1974), S. 60, Nr. 150
Vgl.: Fehervari (1973), S. 65 f, Nr. 43; Soustiel (1985), S. 75, Abb. 66

Keramik des 11. bis 13. Jahrhunderts

Iran – Syrien

25 SCHALE 10131

Iran, 12. Jh.
H 8 cm, Dm 20,1 cm, Dm Standring 7,4 cm
Erworben 1942

Feiner, weißer Scherben. Opake, türkisfarbene Glasur, fein gesprüngelt. Aus mehreren Bruchstücken zusammengesetzt.
Dünnwandige Schale auf kleinem, niedrigen Fußring. Die Wandung steigt konisch und gerade an, oben ist sie leicht eingezogen.
Die Glasur überzieht die gesamte Innenfläche der Schale, die äußere Wandung dagegen ist nur im oberen Bereich glasiert, etwa ein Drittel der Wandung bleibt unglasiert.

26 FLACHE SCHALE 10133

Iran, 12. Jh.
H 4 cm, Dm 19,3 cm, Dm Standring 7,8 cm
Erworben 1942

Feiner, weißer Scherben. Opake türkisfarbene Glasur, fein gesprüngelt, allseitig deckend. Aus mehreren Bruchstücken zusammengesetzt.
Flacher Teller auf innen eingezogenem Fußring. Die bauchige Wandung geht ohne ausgeprägten Absatz in die flache Fahne über.
Bemerkenswert ist die ausgesprochene Präzision der Form des Tellers. Vergleichbare Teller zeigen, im Gegensatz zu dem hier gezeigten Beispiel, Unregelmäßigkeiten oder Mängel der Form wie zum Beispiel unterschiedliche Wandstärke oder Dellen und Ausbeulungen.

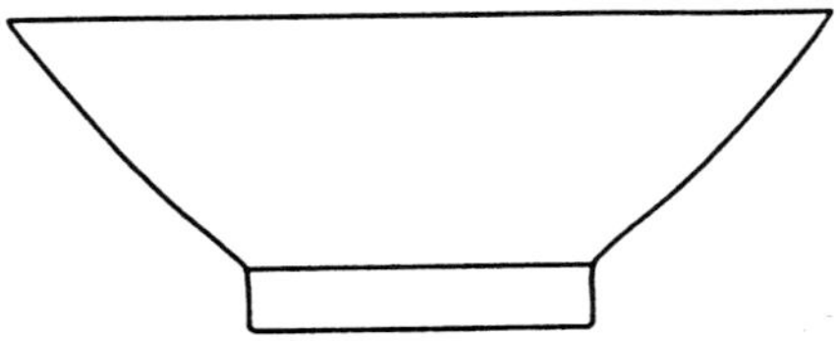

27 SCHALE 12632

Iran, 12. Jh.
H 6,5 cm, Dm 16,5 cm, Dm Standring 6,9 cm
Erworben 1956

Feiner, heller Scherben. Transparente Glasur in Kobaltblau, Türkis und farblos, allseitig deckend, fein gesprüngelt.
Dünnwandige Schale auf mittelhohem Fußring mit konisch und gerade aufsteigender Wandung.
Das Schaleninnere ist in verschiedenfarbige Kreissektoren unterteilt: vier kreuzförmig angeordnete Felder in Kobaltblau sowie jeweils zwei einander gegenüberliegende Sektoren in Türkis und Weiß. Die äußere Wandung der Schale ist einheitlich in Kobaltblau glasiert.

28 TIEFE SCHALE 13342

Iran, 12. Jh.
H 11,8 cm Dm 15,9 cm, Dm Standfläche 7,7 cm
Erworben 1971

Mittelfeiner, heller Scherben. Transparente türkisfarbene Glasur, fein gesprüngelt. Reliefdekor, in einem Model geformt.
Tiefe Schale auf trichterförmigem Fußring mit halbkugelig gebauchter Wandung und leicht ausgestellter Lippe.
Beherrschender Dekor der Schale ist ein fast monumental gestaltetes Schriftband im Thuluth-Duktus, das die obere Hälfte der äußeren Wandung einnimmt. Der Schriftzug ist in stark erhabenem Relief ausgeführt (Transskr. und Übers. s. Anhang). Den Hintergrund füllen zierliche, meist gegenläufig angeordnete Spiralranken mit Palmettblättern. Zusätzlich dazu sind glückbringende Symbole wie Knotenmotive und die Figur eines Hahnes in den Rankengrund eingestellt. Sie unterstreichen den segenbringenden Aspekt des arabischen Schriftzuges. Ein umlaufendes Flechtband schließt das Schriftband zum Fuß der Schale hin ab.

Der Negativabdruck des Dekorstreifens im Inneren der Schale und durchlaufende, sorgfältig verstrichene Nähte sind ein Beweis dafür, daß die Schale mit Hilfe von zwei Formschalen hergestellt wurde. Vergleichbare Gefäße haben sich in zahlreichen Sammlungen erhalten. Sie sprechen für die Beliebtheit dieser tiefen Schalenform mit Schriftbanddekor.

Lit.: Frankfurt (1974), S. 60, Nr. 149; Frankfurt (1987), S. 158-59
Vgl.: Düsseldorf (1973), S. 122, Nr. 159; Ghouchani (1986), S. 258, Abb. 94

29 TIEFE SCHALE V 202

Iran, 12. Jh.
H 12,1 cm, Dm 18 cm, Dm Standring 7,8 cm
Erworben 1955

Mittelfeiner, heller Scherben. Transparente, türkisfarbene Glasur, weitmaschig gesprüngelt, innen und außen deckend, Fuß unglasiert, äußere Wandung stark irisiert. Aus mehreren Bruchstücken zusammengesetzt.
Tiefe Schale auf mittelhohem Fußring mit leicht bauchig, dann gerade aufsteigender Wandung und leicht ausgestellter, fein ausgezogener Lippe.
Der Dekor der Schale ist in Relief gearbeitet. Auf der äußeren Wandung laufen fünf halbrunde Rippen vom Fuß zum Rand der Schale und enden am oberen Abschluß in einer Spitze. In den fünf dadurch entstehenden Feldern ist mittig je ein tropfenförmiges Medaillon aufgesetzt. Die Medaillons weisen ihrerseits einen in Relief gearbeiteten Dekor auf. Wechselweise sind ein sitzender Hase mit nach rückwärts gewandtem Kopf und ein dreifeldriges Ornament zu erkennen. Die fein ausgezogene Lippe ist durch ein umlaufendes Profil vom Gefäßkörper abgesetzt.
Tropfenförmige, auf den Gefäßkörper aufgesetzte Medaillons sind ein geläufiges Dekorelement frühislamischer Bronzen, das sich auf römische Vorbilder zurückführen läßt. Im 12. und 13. Jahrhundert wurden vor allem aus Messing gearbeitete Mörser, die im Nordosten des Iran hergestellt wurden, auf diese Weise verziert. Der durch die Übernahme dieses Dekorelementes hergestellte Bezug der Schale zu Metallarbeiten zeigt sich auch in der Behandlung des oberen Randes. Das umlaufende Profil und der fein ausgezogene Rand weisen eine Form auf, die man material- und arbeitstechnisch bedingt eher bei einer Treibarbeit in Metall erwarten würde.

Lit.: Düsseldorf (1973), S. 127, Nr. 167; Frankfurt (1956), S. 65, Nr. 332

30 HENKELKRUG 13185

Iran, 12. Jh.
H 15,4 cm, Dm 12,5 cm, Dm Standring 6,8 cm
Erworben 1964

Feiner heller Scherben. Bemalung in Kobaltblau unter der Glasur, farblose, allseitig deckende Glasur. Aus mehreren Bruchstücken zusammengesetzt.
Kleiner dünnwandiger Henkelkrug auf gespreiztem Fußring mit bauchig gewölbtem Körper und weiter, trichterförmiger Mündung. Ein schlichter Henkel mit rundem Querschnitt setzt auf der Mitte des Gefäßkörpers sowie an der Lippe des Kruges an.
Der Gefäßkörper ist godronniert. Zum Fuß und zum Hals hin schließen ornamentierte Bänder den Dekor des Gefäßkörpers ab. Das über dem Fuß umlaufende Band füllen Palmetten, das auf der Schulter umlaufende Band zeigt ein wabenförmiges Muster aus aneinandergereihten Fünfecken, die jeweils mit einem Stern gefüllt sind. Darüber schließt sich auf dem Hals des Kruges ein Perlbandfries an sowie ein breites Schriftband in blühendem Kufi-Duktus (Übers. u. Transskr. s. Anhang).
Der Dekor ist in zwei unterschiedlichen Techniken ausgeführt. In Relief gearbeitete Partien sind mit Durchbruchdekoren kombiniert. Hierbei wird der Dekor in den lederharten Ton geschnitten. Die im folgenden Arbeitsgang aufgetragene Glasur füllt die ausgeschnittenen Felder transparent aus, wodurch ein Effekt wie bei den wesentlich späteren chinesischen Reiskornporzellanen entsteht. Einen zusätzlichen Farbakzent geben die vier kreuzförmig angeordneten kobaltblauen Streifen auf Hals und Henkel des Kruges.
Sowohl die Form als auch der Dekor des Kruges beziehen sich deutlich auf gleichzeitige Metallarbeiten. Besonders deutlich wird dies an der gerippten, wie getrieben wirkenden Wandung und an dem fein profilierten Fuß. Die für die Metallkunst charakteristische Mattierung des Ornamentgrundes mit kleinen Ringpunzen wird bei dem Keramikkrug durch den Durchbruchdekor nachgeahmt.

Lit.: Frankfurt (1987), S. 156 -57
Vgl.: Bahrami (1949), Tafel V; Düsseldorf (1973), S. 149, Nr. 208; Fehervari (1973), S. 70 f; Grube (1976), S. 158 ff; Raby (1985), S. 179-203

31 SCHALE 12354

Iran, 12. Jh.
H 6,5 cm, Dm 14,8 cm, Dm Standfuß 5,1 cm
Erworben 1954

Feiner, heller Scherben. Transparente, farblose Glasur, innen und außen deckend, am Fuß dick abtropfend, größtenteils stark zersetzt, Fuß unglasiert. Geschnittener Durchbruchdekor.
Kleine Schale auf mittelhohem Fußring mit gerader, konisch ansteigender Wandung.
Die Schale ist außerordentlich dünnwandig und fein gearbeitet. Dieser Eindruck wird noch verstärkt durch den durchbrochen gearbeiteten Dekor. Senkrechte, gereihte Stege, durchbrochen gearbeitet und mit Glasurmasse gefüllt, ziehen sich um die Mitte der Wandung. Der Rand der Schale weist ein feines, zahnschnittartiges Profil auf.

Lit.: Frankfurt (1956), S. 64, Nr. 331
Vgl.: Bahrami (1949), Abb. VI a; Soustiel (1985), S. 100, Nr. 91

32 TELLER 13167

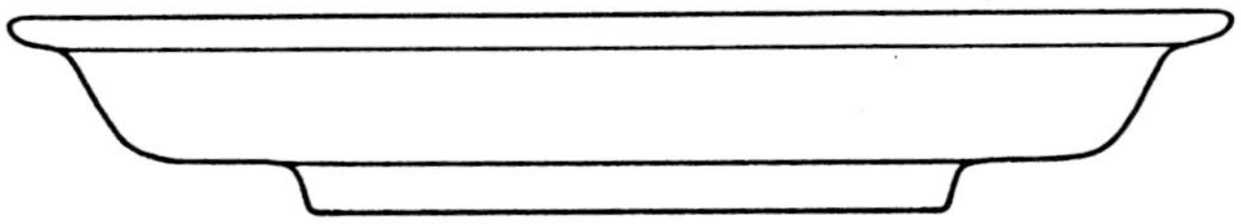

Iran, 12. Jh.
H 4 cm, Dm 25 cm, Dm Standring 13,2 cm
Erworben 1964

Feiner, heller Scherben. Transparente, farblose Glasur, allseitig deckend, auch im Standring. Kobaltblaue Laufglasur, Reliefdekor. Aus zahlreichen Bruchstücken zusammengesetzt, geringfügige Ergänzungen.
Flacher Teller auf niedrigem Fußring mit deutlich betontem Spiegel, steiler, gerader Wandung und flachem, abgesetztem Rand.
Das kreisrunde Mittelfeld im Spiegel des Tellers zeigt einen nach links gewandten Reiter. Die rechte Zügelhand ist hoch erhoben, ebenso die linke, auf der er einen Jagdfalken trägt. Der Reiter ist mit rundem Gesicht und Schlitzaugen wiedergegeben, er trägt ein kniekurzes Gewand und eine flache, spitze Kappe. Unter dem Pferd ist ein weiterer Vogel mit nach rückwärts gewandtem Kopf zu sehen. Den verbleibenden Grund füllt Rankenwerk mit wenigen Lanzettblättern. Ein breites Musterband, von feinen Doppelstreifen eingefaßt, rahmt dieses mittlere Feld. Es zeigt eine klassische Palmettranke. Die Wandung des Tellers ist kanneliert. Fünf unregelmäßig verlaufene Streifen in Kobaltblau geben einen zusätzlichen Farbakzent.
Der Dekor des Tellers spiegelt gleichzeitige Metallarbeiten wieder. Besonders deutlich wird dies an der wie getrieben wirkenden, kannelierten Wandung. Vergleichbare Metallarbeiten haben sich kaum erhalten. A.S. Melikian-Chirvani bildet einen in Relief gearbeiteten Teller ab, bemerkt aber dazu, daß die Form ungewöhnlich sei.

Vgl.: Melikian-Chirvani (1982), S. 86, Nr. 20

33 KANNE 13338

Iran, Ende 12. Jh.
H 21,4 cm, Dm 13,3 cm, Dm Standring 6,4 cm
Erworben 1971

Mittelfeiner, hellrosafarbener Scherben. Opake, türkisfarbene Glasur, weitmaschig gesprüngelt, am Fuß dick abtropfend.
Auf niedrigem, gespreizten Fußring Kanne mit erst konisch, dann gerade ansteigender Wandung und flacher, deutlich abgesetzter Schulter. Darauf setzt ein schlanker, zylindrischer Hals an. Über einem umlaufenden Wulst erweitert sich der Hals zu einer Mündung mit fein ausgezogener Randlippe und angesetztem Ausguß. Der Henkel setzt am Gefäßkörper und am Mündungsrand an. Er ist aus zwei nebeneinanderliegenden Strängen gearbeitet, auf die an vier Stellen Nuppen aufgesetzt sind.
Die Form der Kanne ist von einem Metallvorbild abgeleitet. Besonders deutlich wird dies an Details wie der dünn ausgezogenen Lippe oder den scharfkantigen Übergängen zwischen Gefäßkörper und Schulter.

Vgl.: SPA, Bd. 10, Abb. 676

34 KRUG 13225

Iran, 12. Jh.
H 14,3 cm, Dm 14,7 cm, Dm Mündung 7,7 cm,
Dm Standring 6,8 cm
Erworben 1966

Mittelfeiner, heller Scherben. Dunkler Anguß, transparente, türkisfarbene Glasur, innen und außen deckend, am Fuß dick abtropfend. Geschnittener Dekor. Aus mehreren Bruchstücken zusammengesetzt.
Auf niedrigem, gespreizten Fußring Krug mit bauchig gewölbter Wandung, schräg ansteigender, nicht abgesetzter Schulter und niedrigem, engem Hals. Ein kleiner Henkel setzt auf der Schulter und an der Lippe an.
Der geschnittene Dekor teilt die Wandung in zwei gleich breite Zonen. Im unteren Abschnitt sind senkrechte Streifen gereiht: abwechselnd ein schmaler türkisfarbener und ein breiterer schwarzer Streifen. Darüber läuft ein Schriftband um, vor schraffierten Grund gestellt. In dreimaliger Wiederholung erscheint das Wort „ad-daula"- „Herrschaft", im Kufi-Duktus. Die Oberlängen der Buchstaben laufen teilweise in Blattformen aus. Charakteristisch ist die S-förmig über die Grundlinie hinaufgezogene Zeichnung des verbindenden „waw". Auf dem niedrigen Hals sind kleine Quadrate gereiht.

Lit.: Frankfurt (1974), S. 61, Nr. 154, Tafel XIV
Vgl.: Lane (1947), S. 33 und S. 36, Abb. 51 c

35 SCHALE 12421

Iran, Kaschan, Anfang 13. Jh.
H 10,5 cm, Dm 22 cm, Dm Standring 8,8 cm
Erworben 1955

Feiner weißer Scherben. Schwarze Bemalung unter transparenter, türkisfarbener Glasur, allseitig deckend, irisiert. Geschnittener Durchbruchdekor. Aus mehreren Bruchstücken zusammengesetzt.
Auf hohem, dünnwandigen Fußring über einem scharfen Absatz schräg aufsteigende, gerade Wandung.
Der Dekor des Schaleninneren ist in konzentrische Kreise gegliedert. Mittelpunkt des Dekors ist eine sechsblättrige Rosette im Spiegel, die von Gabelblättern zu einem zwölfstrahligen Motiv erweitert wird. Um dieses zentrale Mittelmotiv herum sind zwölf Blatt- und Blütenformen im Wechsel angeordnet. Beherrschender Dekor der Wandung ist der aus dem lederharten Ton herausgeschnittene Durchbruchdekor. Er umzieht die Wandung als ein breites Band von Arabeskranken. Den Abschluß zum Schalenrand und zum Spiegel hin bilden Schriftbänder in flüchtigem Naskhi-Duktus (Transskr. u. Übers. s. Anhang). Die Schrift ist hierbei in einen auf den hellen Scherben aufgetragenen dunklen Anguß eingeritzt und erscheint unter der farbigen Glasur türkis auf schwarz.
Im Dekor der Schale sind Elemente aus verschiedenen Gruppen seldschukischer Keramik kombiniert. In den dunklen Anguß geritzte Schriftbänder kennt man auch von den als Silhouette-Ware bezeichneten Stücken. Die Pflanzenornamente des Mittelmotives hingegen finden sich bei den Stücken, deren Dekor sehr treffend mit Wasserpflanzen verglichen wurde.

Lit.: Frankfurt (1956), S. 64, Nr. 330, Abb. 52
Vgl.: Bahrami (1949), Tafel XXIX

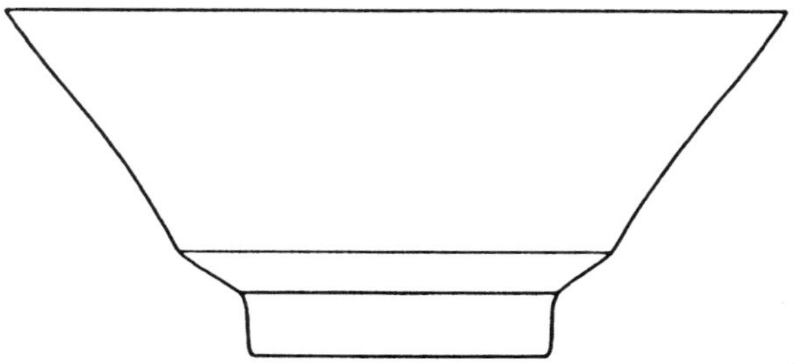

36 KANNE V 200

Iran, Kaschan, Anfang 13. Jh.
H 26 cm
Erworben 1955

Feiner weißer Scherben. Bemalung in Schwarz und Blau unter der Glasur. Transparente, farblose Glasur mit weitmaschigem Krakelee. Auf niedrigem Fußring bauchiger Gefäßkörper mit ansteigender, abgesetzter Schulter und schlankem, zylindrischem Hals. Über einem Wulstring schließt sich der Ausguß in Form eines Hahnenkopfes an. Der Henkel mit angedeuteter Daumenruhe setzt auf der Schulter und am Ausguß der Kanne an.
Schwarze Längsstreifen gliedern die Kanne in breite weißgrundige und schmalere blaugrundige Segmente. In den weißen Streifen je sieben nach oben schwimmende Fische in starker Stilisierung. In den blauen Streifen wellenförmig bewegte Blattranken. Weitere schwarze Linien zeichnen die Konturen des Vogelkopfes sparsam nach.
Die Kanne wurde mit zwei weiteren, ebenfalls in der Sammlung befindlichen Stücken erworben und stammt mit diesen zusammen aus einem gemeinsamen Fundzusammenhang (Inv. Nr. V 201 und Inv. Nr. 12356). Sie gehört zur Gruppe der nach ihrem Fundort benannten Gurgan-Keramiken. Diese Keramiken zeichnen sich durch enge stilistische Verwandtschaft untereinander aus, was den Schluß nahelegt, daß sie aus einer Werkstatt stammen. Die Frage, ob eine solche Werkstatt in Gurgan angenommen werden darf, wird allerdings kontrovers diskutiert. O.Watson spricht sich gegen eine Produktion in Gurgan aus, D.M.Bahrami und M.Y.Kiani plädieren für eine Zuschreibung an Gurgan.
Der Typus der Kanne mit Hahnenkopf war im Iran des 13. Jahrhunderts eine beliebte Form. Das beweisen nicht nur zahlreiche erhaltene Beispiele mit Lüster- Relief- oder Unterglasurdekor, sondern auch ein Zitat aus dem Werk des persischen Dichters Nizami (1141-1209). In Zusammenhang mit der Schilderung eines prächtigen Gelages schreibt er: „Weinflaschen, geformt wie Hähne erhoben rechtzeitig ihre Stimme ...“. Die Frage nach dem Ursprung dieser Kannenform wird in der einschlägigen Literatur mit dem Hinweis auf chinesische Kannen mit Phoenixkopf beantwortet. Diese werden allerdings wesentlich früher datiert, nämlich in das 7.-8. Jahrhundert und gelten darüber hinaus als Kopien vorislamischer persischer Silberarbeiten. So gesehen scheint es sehr viel wahrscheinlicher, daß es sich bei den seldschukischen Hahnenkopfkannen um einen Rückgriff auf vorislamische persische Traditionen handelt.

Lit.: Frankfurt (1956), S. 142, Abb. 143; Frankfurt (1987), S. 152-53
Vgl.: Bahrami (1949), Tafel XIX; Grube (1976), S. 186-92, Nr. 137 u. 138; Kiani (1984), S. 32-79; Watson (1985), S. 67, Abb. 31

37 FLASCHE V 201

Iran, Kaschan, Anfang 13. Jh.
H 24 cm, Dm 25 cm, Dm Standring 8,3 cm
Erworben 1955

Feiner, heller Scherben. Bemalung in grünlich ausfärbendem Schwarz und Kobaltblau unter der Glasur. Farblose, transparente Glasur, am Fuß dick abtropfend, fein gesprüngelt, stellenweise irisiert. Hals wieder angesetzt.
Flasche auf hohem Fußring mit eckig gebauchtem Körper. Die schräg ansteigende Schulter ist nicht abgesetzt und schließt zum Hals hin mit einem umlaufenden Wulst ab. Darüber erhebt sich der schlanke, zylinderförmige Hals, der im oberen Abschnitt eine kugelartige Verdickung aufweist.
Der Gefäßkörper ist in zwei unterschiedlich breite Bänder geteilt. Im unteren, schmaleren Streifen ist eine Reihe von nach links schwimmenden Fischen in Schwarz gezeichnet. Die breitere Zone darüber zeigt weich geschwungene Blattranken in freier Zeichnung mit zusätzlichen Blütenrispen. In der englischsprachigen Literatur wird dieses Motiv sehr treffend als „waterweed" – Wasserpflanzen bezeichnet. Den Halsansatz rahmt ein Doppelstreifen in Blau. Auf der Verdickung des Halses wiederholt sich das „waterweed" Motiv. Die Form der Flasche findet sich in dieser Art in der islamischen Keramik erstmals im 12. Jahrhundert, stellt hier aber einen geläufigen Typus dar. Es überwiegen allerdings Beispiele mit Lüsterbemalung.

Lit.: Frankfurt (1956), S. 65, Nr. 335, Abb. 55
Vgl.: Bahrami (1949), Tafel XL, XLII, LXXXIV; Grube (1976), S. 217, Nr. 153; Watson (1985), S. 76, Nr. 46, S. 105, Nr. 84

38 SCHALE 12587

Iran, Kaschan, Anfang 13. Jh.
H 6,7 cm, Dm 15 cm, Dm Standring 6,6 cm
Erworben 1956

Feiner, heller Scherben, Bemalung in Kobaltblau und grünlich ausfärbendem Schwarz unter der Glasur. Transparente, farblose Glasur, allseitig deckend, fein gesprüngelt. Aus mehreren Bruchstücken zusammengesetzt, eine Ergänzung.
Dünnwandige Schale auf halbhohem Fußring, der innen kegelförmig abgesetzt ist. Über einem scharfen Absatz steil ansteigende, konische Wandung.
Das Schaleninnere ist durch kreuzförmig angeordnete blaue Streifen in vier Sektoren gegliedert. Die so entstehenden Felder füllt je ein gegabelter Blütenzweig, beiderseits flankiert von je einem Vogel mit langem geschwungenen Schwanz und nach rückwärts gewandtem Kopf. Den oberen Innenrand rahmen eine Zackenbordüre und ein schmaler blauer Streifen. Am oberen äußeren Rand läuft ein breiter schwarzer Streifen um. Ein Zeichen im Schalenboden könnte als Signatur gedeutet werden.
Der Dekor der Schale vereint Elemente aus dem Repertoire der Mina'i-Keramik – die gegabelten Blütenzweige und der gezackte Randstreifen – mit solchen aus dem Formenschatz der zweifarbig unter der Glasur bemalten Stücke, zu denen das vorliegende Beispiel zählt. Charakteristisch ist die Verwendung der blauen Farbe für breitere Streifen, während feinere Details der Zeichnung in Schwarz ausgeführt werden. Zum typischen Formenschatz gehören die Vögel mit langem Schwanz und zurückgewandtem Kopf.

Lit.: Frankfurt (1956), S. 65, Nr. 336

39 SCHALE 12588

Iran, Kaschan, Anfang 13. Jh.
H 9,5 cm, Dm 20,7 cm, Dm Standring 8,3 cm
Erworben 1956

Feiner heller Scherben. Bemalung in Kobaltblau und Schwarz unter der Glasur, teilweise in die Glasur abgeschwommen. Transparente, grünlich schimmernde Glasur, allseitig deckend. Aus mehreren Bruchstücken zusammengesetzt, geringfügige Ergänzungen.
Dünnwandige Schale auf halbhohem Fußring. Über einem scharfen Absatz steil ansteigende, konische Wandung.
Zwei Schriftbänder in nachlässig gezeichnetem Naskhi-Duktus teilen das Schaleninnere kreuzweise in vier Abschnitte, ein weiteres Schriftband zieht sich um den oberen Innenrand der Wandung. Die Schrift erscheint weiß auf schwarzem Grund, sie wurde in die schwarze Bemalung geritzt, so daß der darunterliegende weiße Scherben zum Vorschein kommt. Die durch die sich kreuzenden Bänder entstandenen Felder füllt ein Dekor aus stilisierten vegetabilen Formen. Auf der äußeren Wandung erscheinen gereiht aufrecht stehende schilf- oder lilienartige Pflanzen.
Die Schrift ist aufgrund der nachlässigen Schreibweise und des Abschwimmens der Bemalung in die Glasur nur schwer leserlich. Durch Ergänzugen bedingte Fehlstellen erschweren das Lesen zusätzlich. Auf eine Übersetzung wurde daher verzichtet.

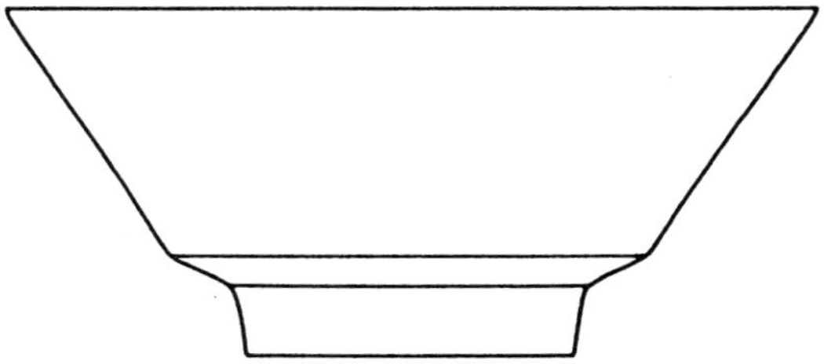

40 SCHALE 12353

Iran, Kaschan,13. Jh.
H 9,5 cm, Dm 20,7 cm, Dm Standring 8,6 cm
Erworben 1954

Mittelfeiner heller Scherben. Transparente, farblose Glasur, allseitig deckend, am Fuß dick abtropfend, durch Erdlagerung zum Teil stark versintert. Bemalung in Kobaltblau und Schwarz unter der Glasur, zum Teil in die Glasur abgeschwommen. Aus mehreren Bruchstücken zusammengesetzt, geringfügige Ergänzungen.
Tiefe Schale auf hohem Standring mit flacher, über einem Absatz dann steil ansteigender, gerader Wandung.
Die Mitte des Schalenbodens markiert ein blauer Punkt, der von einem blauen Kreis eingefaßt ist. Von diesem Kreis aus verlaufen radial eng aneinandergesetzte Streifen, abwechselnd in Schwarz und in Blau, über die gesamte innere Wandung. Dieser Dekor aus radialen Streifen setzt sich auf der Außenseite der Schale fort.
Indem der Töpfer die Musterung durch radiale Streifen nicht vom Mittelpunkt des Spiegels ausgehen läßt, sondern von einem Kreis, vermeidet er, daß durch ein unregelmäßiges Zusammentreffen der Streifen in der Schalenmitte der Dekor optisch aus dem Gleichgewicht gerät.

Lit.: Frankfurt (1956), S. 65, Nr. 333
Vgl.: Grube (1976), S. 177, Nr. 125 u. Nr. 126; Wilkinson (1963) Nr. 49

41 SCHALE 10132

Iran, Ende 12. Jh.
H 7,9 cm, Dm 18,8 cm, Dm Standring 6 cm
Erworben 1942

Mittelfeiner heller Scherben. Im Schaleninneren transparente, farblose Glasur, zum Teil kobaltblau und türkis eingefärbt, grob gesprüngelt und in der Schalenmitte zu einem Glasursee zusammengelaufen. Auf der äußeren Wandung transparente blaue Glasur, dick abtropfend. Bemalung auf der Glasur mit grünlich brauner Lüsterfarbe. Aus mehreren Teilen zusammengesetzt, wenige Ergänzungen.
Tiefe Schale auf mittelhohem Standring mit leicht bauchiger Wandung und ausgestellter Lippe. Die Form der Schale ist charakteristisch für die frühen Erzeugnisse der Werkstätten von Kaschan und wird auf chinesische Porzellanvorbilder zurückgeführt.
Ein breites türkisfarbenes und ein weiteres blaues Band, kreuzförmig übereinandergelegt, teilen das Schaleninnere in vier Felder. In den Bändern eine Schriftzeile im Naskhi-Duktus, flüchtig gezeichnet bis zur Unleserlichkeit. Die Felder werden durch einen in Lüster vor Weiß gesetzten Schrägbalken abermals unterteilt.

Beiderseits dieses Schrägstreifens ist der verbleibende Grund mit kettengliedartig gereihten Blattpaaren gefüllt.
Die Außenseite der Schale ist in kobaltblau glasiert. Im oberen Drittel imitiert eine unregelmäßig gezeichnete Wellenlinie ein Schriftband.
Die Aufteilung des Dekors in unterschiedlich eingefärbte, radiale Streifen und die blau glasierte äußere Wandung sind charakteristische Merkmale der frühen Lüsterkeramik von Kaschan.

42 KLEINE SCHALE 5293

Iran, Kaschan, Ende 12. Jh.
H 4,4 cm, Dm 8,4 cm, Dm Standring 3,5 cm
Erworben 1914

Mittelfeiner, heller Scherben. Transparente, farblose Glasur, grünlich schimmernd, weitmaschig gesprüngelt, in der Schalenmitte zu einem See zusammengelaufen. Bemalung mit rötlichbrauner Lüsterfarbe. Verschmutzungen unter der Glasur. Eine kleine Ergänzung.
Kleines Schälchen auf innen kegelförmig abgesetztem Fußring mit niedriger, kaum bauchiger Wandung, oben leicht eingezogen.
Ein breiter Lüsterstreifen teilt das Schaleninnere in zwei Hälften. Die dadurch entstehenden beiden halbkreisförmigen Segmente füllt jeweils ein mit einem Punkt gefüllter, großer Kreis, der vor einen Grund von flüchtig gezeichneten Ranken gesetzt ist. Ein zweiter Lüsterstreifen rahmt den oberen Rand der Wandung. Das hier als primäres Dekorelement erscheinende Motiv – die Kreisform vor Rankengrund – wird bei den aufwendiger gearbeiteten Stücken dieser Gruppe als Randmuster oder Sekundärmotiv verwendet.
Der Lüsterdekor der Außenwandung ist bis auf wenige Reste abgerieben, so daß der ursprüngliche Dekor nicht mehr erkennbar ist.
Ein nahezu identisches Stück befindet sich in der Sammlung des Islamischen Museums in Berlin, (Inventar Nr. J 2014).

Vgl.: Watson (1985), S. 63, Abb. 30

43 SCHALE

Stadt 246

Iran, Kaschan, Ende12. Jh.
H 11 cm, Dm 17,8 cm, Dm Standring 7,9 cm
Erworben 1911

Feiner, heller Scherben. Transparente, farblose und kobaltblaue Glasur, innen und außen, fein gesprüngelt, am Fuß dick abtropfend. Bemalung in Lüster. Aus wenigen Bruchstücken zusammengesetzt, eine Ergänzung.
Tiefe Schale auf mittelhohem, gespreizten Fußring mit schräg, im oberen Drittel senkrecht ansteigender, gerader Wandung und leicht ausgestellter Lippe.
Das Schaleninnere ist in Kobaltblau glasiert und weist lediglich einen Dekor von fünf radialen Strichen auf. Die äußere Wandung ist durch breite, senkrecht verlaufende Lüsterstreifen in acht Felder aufgeteilt, die abwechselnd in Blau und Weiß gehalten sind. Die blauen Felder zeigen einen in Lüster gemalten Schrägbalken, von hellen Streifen gerahmt. Den verbleibenden Grund füllen Spiralranken. Die weißgrundigen Felder zeigen abwechselnd ein großes, in Reserve gezeichnetes, sechszipfeliges Blatt, das von einer kreisförmig verlaufenden Ranke eingefaßt wird und flüchtig gezeichnete Spiralranken.
Der Stil des Dekors entspricht dem von O.Watson als Monumental-Stil bezeichneten Typus, der in der früheren Literatur als Rayy-Stil angesprochen wurde. Kennzeichnend ist die zusätzliche farbige Akzentuierung des Dekors durch die kobaltblaue Glasur, die großformatige in-Reserve Darstellung des Blattes und das Motiv des durch einen schräg verlaufenden Streifen unterteilten Feldes.

44 SCHALE 12355

Iran, Kaschan, Ende 13. Jh.
H 8,5 cm, Dm 20,4 cm, Dm Standring 9,1 cm
Erworben 1954

Mittelfeiner, hellrosa Scherben. Opake, weiße Glasur, weitmaschig gesprüngelt, allseitig deckend. Bemalung in goldfarbenem und rötlichem Lüster. Aus mehreren Bruchstücken zusammengesetzt.
Schale auf niedrigem, gespreizten Fußring mit schräg ansteigender, gerader Wandung, oben deutlich eingezogen. Der Rand ist T-profilartig flach ausgearbeitet.
Das Schaleninnere gliedern konzentrische Kreise. Das kreisrunde Mittelfeld zeigt eine achsial und symmetrisch angelegte aufsteigende Rankenkomposition. Eine Mittelachse, die mit drei Knospen besetzt ist, wird gerahmt von stilisierten Blättern in Seitenansicht, die mit einer zusätzlichen Binnenzeichnung versehen sind. Den Grund füllen gezeichnete Spiralen. Ein breites, weiß belassenes Band rahmt dieses mittlere Feld. Daran anschließend läuft in der Wandung ein breites Schriftband um, das in flüchtigem Naskhi-Duktus, in Reserve gezeichnet wiedergegeben ist (Transskr. u. Übers. s. Anhang). Auf dem oberen Rand ist in Reserve ein einfaches Flechtband gezeichnet. Die äußere Wandung weist den gleichen Dekor auf wie Katalog-Nr. 45: von Streifen gerahmte, große Blattformen, die in rötlichem Lüster flüchtig gezeichnet sind.

Lit.: Frankfurt (1956), S. 63, Nr. 326
Vgl.: Bahrami (1949), Abb. LXXXVI

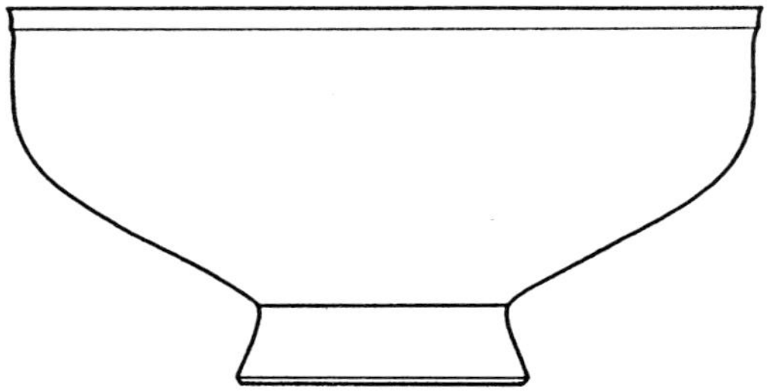

45 SCHALE 12628

Iran, Kaschan, 13. Jh.
H 10,4 cm, Dm 19,5 cm, Dm Standring 8,7 cm
Erworben 1956

Feiner, heller Scherben. Opake, weiße Glasur, weitmaschig gesprüngelt, allseitig deckend. Bemalung in rötlichem und goldfarbenem Lüster.
Dünnwandige Schale auf hohem, gespreiztem Fußring. Die Wandung steigt erst gerade dann bauchig an und ist nach oben hin leicht eingezogen.
Das Innere der Schale ist durch konzentrische Kreise gegliedert. Das Mittelfeld füllt ein geometrisches Wiederholungsmuster, das aus versetzt angeordneten Dreiecken und Sechsecken zusammengesetzt ist. Die Sechsecke sind zusätzlich mit sechsstrahligen Sternen gefüllt, während die Dreiecke mit einer in den Lüster geritzten Binnenzeichnung versehen sind. Letzteres Detail findet sich in nahezu identischer Form auf einer Minai-Schale (SPA, Bd. 10, Abb. 659).
Die äußere Wandung zeigt von Streifen gerahmte, große Blattformen, die in rötlichem Lüster flüchtig gezeichnet sind.

Lit.: Frankfurt (1974), S. 61, Nr. 152, Abb. 82

46 KANNE 12393

Iran, Kaschan, 13. Jh.
H 27,5 cm, Dm 12,5 cm, Dm Standfläche 6 cm
Erworben 1954

Feiner, heller Scherben. Opake, weiße Glasur, am Fuß dick abtropfend. Bemalung in goldfarbenem Lüster. Ausguß ergänzt.
Erst bauchig dann gerade aufsteigender, zylindrischer Körper auf leicht gewölbter Standfläche. Flache, abgesetzte Schulter. Die Verbindungsstelle zwischen Schulter und dem zylindrischen Hals kaschiert ein umlaufender Wulst. Der Henkel setzt auf der Schulter der Kanne an, verläuft gerade und vertikal, knickt auf Höhe der Mündung in einem rechten Winkel ab und schließt an der Lippe an. Den Gefäßkörper umziehen in voller Höhe vertikal angeordnete Bänder, nach unten hin durch einen breiten und einen schmalen Lüsterstreifen abgegrenzt. In den vertikal gereihten Feldern wechseln – von schmalen, weiß belassenen Streifen getrennt – Bänder mit Arabeskranken, in Reserve auf Lüster beziehungsweise in Lüster vor Spiralrankengrund gezeichnet. Darüber folgt ein Schriftband mit einem sehr flüchtig im Naskhi-Duktus geschriebenen Text in Lüster. Auf der Schulter läuft ein weiteres Schriftband um, im Kufi-Duktus, in Reserve auf Lüster vor Spiralgrund (Transskr. u. Übers. s. Anhang). Darüber folgt eine Zone mit flüchtig gezeichneten Spiralranken. Auf dem Hals seitlich des Ausgusses je ein sitzender Löwe, in Relief geformt, auf lüstriertem Grund mit großzügig in Reserve gezeichneten Ranken. Auf dem Henkel ein Flechtbandmuster.
Form und Dekor der Kanne imitieren einen Metallprototyp, wie er Ende des 12. Jahrhunderts bis in die Mitte des 13. Jahrhunderts im Osten Irans, in Khorasan, produziert wurde. Bei den Vorbildern in Metall handelt es sich um Kannen aus Messingblech mit einem Dekor aus Einlegearbeiten in Silber, der zylindrische Körper ist oftmals kanneliert. Im Dekor der Keramikkanne ist diese Kannelierung durch die Einteilung des Gefäßkörpers in senkrechte Musterbänder aufgegriffen worden. Auch der übrige Dekor ist eine regelrechte Kopie eines Metallprototyps. Besonders deutlich wird dies an den in Relief gearbeiteten Löwen beiderseits des Ausgusses. Die Metallkannen weisen an dieser Stelle üblicherweise in Repoussé-Technik gearbeitete Löwenfiguren auf. Aus dem Repertoire der Kaschan-Keramiken hingegen stammen Details wie die Arabesk- und Spiralranken.

Lit.: Frankfurt (1956), S. 63, Nr. 325
Vgl.: Vickers (1985), S. 206, Abb. 1a; Watson (1985), S. 103, Abb. 82

47 FRAGMENT EINER FLASCHE 12380

Iran, Kaschan, 13. Jh.
H 15 cm, Dm 13 cm, Dm Standfläche 8,5 cm
Erworben 1954

Mittelfeiner, heller Scherben. Opake, weiße Glasur, Bemalung in rotbraunem Lüster. Hals weggebrochen, eine großflächige Ergänzung.
Auf niedrigem, gespreizten Fußring bauchige Flasche, mit schräg ansteigender, nicht abgesetzter Schulter und engem zylindrischem Hals, der kurz über der Schulter abgebrochen ist.
Der Gefäßkörper wird durch umlaufende Lüsterstreifen in mehrere unterschiedlich breite Zonen gegliedert. Der unterste Streifen zeigt ein typisches Motiv der Kaschan-Keramik in sehr flüchtiger Ausführung. Gegenständig angeordnete Blattpaare werden an einem senkrecht verlaufenden Strich gereiht und bilden so einen an Kettenglieder erinnernden Musterstreifen. Der breitere Streifen darüber zeigt abwechselnd nach links gewandte Reiter und Bäume mit schachbrettartig gemustertem Laubwerk. Am Übergang zum Hals ein weiterer, schmaler Streifen mit einem sehr flüchtig gezeichneten Schriftband sowie zwei schmale Streifen mit Punkt-Strich beziehungsweise Spiralmustern.

Lit.: Frankfurt (1956), S. 64, Nr. 327

48 SCHALE 12356

Iran, Kaschan, 13. Jh.
H 9,8 cm, Dm 21,8 cm, Dm Standring 9,1 cm
Erworben 1954

Feiner, heller Scherben. Opake, weiße Glasur, innen und außen deckend, weitmaschig gesprüngelt. Bemalung in grünlich schimmerndem Lüster. Aus mehreren Bruchstücken zusammengesetzt.
Dünnwandige Schale auf mittelhohem Fußring. Die Wandung steigt über einem Absatz gerade und konisch an.
Ein kreisrundes Feld in der Mitte der Schale zeigt invers dargestellt die Figur eines Reiters. Er sitzt vornüber gebeugt auf einem nach links galoppierenden Pferd. Vor den Vorderbeinen des Pferdes ist ein Polostab zu erkennen. Das Pferd ist geäpfelt, Zaumzeug und Satteldecke sind flüchtig angedeutet. Die Figur des Reiters ist außerordentlich flüchtig gezeichnet und kaum zu erkennen, sein Gesicht wird von einem Nimbus hinterfangen. Den verbleibenden Grund füllen wenige in Reserve gezeichnete Blattformen sowie in den Lüster geritzte Spiralen. Das zentrale Bildfeld ist durch einen breiten, weiß belassenen Streifen vom folgenden Dekor der Wandung abgesetzt. Acht radial angeordnete, weiße Felder gliedern die

innere Wandung. In den dadurch entstehenden Feldern wechselt ein Dekor von invers dargestellten Spiralranken und ein Motiv, das die Umrisse eines Fisches aufweist (Vgl. Bahrami (1949), Abb. LX). Der verbleibende Grund ist jeweils mit geritzten Spiralen gefüllt. Um den oberen Rand zieht sich ein Streifen in Lüster. Die äußere Wandung war ursprünglich auch mit Lüster bemalt, der Dekor ist jedoch weitgehend abgerieben und nicht mehr rekonstruierbar.

Lit.: Frankfurt (1956), S. 64, Nr. 328

49 SCHALE 12635

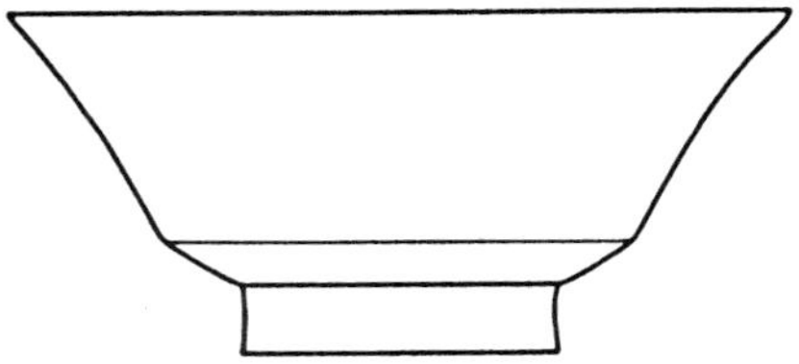

Iran, Kaschan, Anfang 13. Jh.
H 7,3 cm, Dm 15,8 cm, Dm Standring 6,5 cm
Erworben 1957

Feiner, heller Scherben. Opake, weiße Glasur, innen und außen deckend, fein gesprüngelt. Bemalung in Kobaltblau und in rötlichem Lüster.
Kleine Schale auf mittelhohem Fußring mit deutlich abgesetztem Spiegel und gerade und konisch ansteigender Wandung.
Das Schaleninnere ist durch konzentrische Kreise gegliedert. Das mittlere Feld zeigt eine nach links laufende Gazelle mit getupftem Fell, rechts davon ein rebhuhnartiger Vogel, jeweils in Reserve gezeichnet. Oberhalb und unterhalb dieser Szene sind mit kobaltblauen Linien Segmente abgeteilt, das obere ist mit großen stilisierten Blattformen gefüllt, das untere zeigt einen Fisch. Der gesamte verbleibende Grund ist mit feinen, in den Lüster geritzten Spiralmustern gefüllt. Dieses mittlere Feld rahmt ein breiter, weiß belassener Streifen, der eine in fünf Abschnitte gegliederte Inschrift in flüchtigem Naskhi trägt (Transskr. und Übers. s. Anhang). Ein zweites, etwas schmaleres Schriftband ist invers dargestellt und von dem inneren Streifen durch einen schmalen kobaltblauen Streifen getrennt. Ein weiterer kobaltblauer Streifen bildet den Abschluß zum Rand der Schale. Auf der äußeren Wandung ist ein drittes Schriftband, ebenfalls invers dargestellt, angebracht, das wiederum von schmalen kobaltblauen Streifen gerahmt wird.
In der Sammlung des Victoria&Albert-Museums in London befindet sich eine kleine signierte Schale, die dem Frankfurter Stück in der Anlage des Mittelfeldes außerordentlich ähnlich ist. Allerdings weist die Londoner Schale eine abweichende Inschrift auf. Signiert ist sie von einem „Muhammad ibn Muhammad al- Nischapuri“ mit dem Zusatz „wohnhaft in Kaschan“. M.Bahrami schreibt demselben Meister eine 614/1217 datierte Schale zu und gibt damit einen möglichen Anhaltspunkt für die Datierung, auch des Frankfurter Stückes, die mit der Bewertung O.Watsons übereinstimmt.

Lit.: Frankfurt (1974), S. 60, Nr. 151, Abb. 83; Frankfurt (1987), S. 162-63
Vgl.: Bahrami (1949), S. 92, Abb. XLIX; Watson (1985), Abb. G

50 GROSSER TELLER (Farbabb. s. S. 150) V 358

Iran, Kaschan, 13. Jh.
H 10,7 cm, Dm 51,7 cm, Dm Standring 21,8 cm
Erworben 1988

Feiner, heller Scherben. Transparente, farblose Glasur, weitmaschig gesprüngelt, Bemalung in grünlich-goldfarbenem Lüster. Aus zahlreichen Bruchstücken zusammengesetzt, großflächige Ergänzungen.
Tiefer Teller auf niedrigem Fußring mit deutlich abgesetztem Spiegel, leicht bauchig geschwungener Wandung und ausgestelltem Rand.
Das Schaleninnere wird durch konzentrische Kreise gegliedert. Das kreisrunde Mittelfeld zeigt zwei Reiter, rechts und links eines Baumes. Das Laubwerk des Baumes ist schachbrettartig gewürfelt, mit Punkten besetzte schmale Streifen zu Füßen der Reiter und des Baumes deuten weitere Vegetation an. Die Reiter selbst sind nimbiert. Die folgenden vier Musterbänder sind abwechselnd in Lüster auf weiß und in Reserve gezeichnet. Als Rahmen des Mittelfeldes fungiert ein schmaler Streifen mit einfachen gereihten Kreis-Punkt-Motiven. Es folgt ein Streifen, der hintereinander laufende Vierbeiner zeigt. Den nachfolgenden, etwas breiteren Streifen füllen ge-

reihte Spitzovale, mit einem Lanzettblattpaar gefüllt. Darauf folgt ein schmaler Streifen mit einem Pseudo-Schriftband, das eine Kufi-Inschrift nachahmt, wie man es aus der Minai-Keramik kennt. Der darüber folgende breite Musterstreifen zeigt abwechselnd nach links galoppierende Reiter und Bäume mit schachbrettartig gewürfeltem Laubwerk. Auf dem Rand läuft ein weiteres Schriftband im Kufi-Duktus um. Ob es sich um eine Pseudo-Schrift oder eine echte Inschrift handelt, läßt sich aufgrund der zahlreichen Ergänzungen bzw. Fehlstellen nicht mehr rekonstruieren.
Der Dekor des Tellers zeichnet sich durch die flüchtige, skizzenartige Malweise aus. Weitere charakteristische Elemente sind die Aufteilung der Innenfläche in schmale Bänder, der weitgehende Verzicht auf in-Reserve-Darstellungen, die gewürfelt gezeichneten Bäume und der Einsatz von kleinformatigen Wiederholungsmustern. Den in dieser Weise ausgezeichneten Dekor bezeichnet O. Watson als Miniatur-Stil. Die von ihm angesprochene enge Beziehung der Lüsterkeramiken im Miniatur-Stil zu den Minai-Keramiken ist an dem vorliegenden Beispiel ebenfalls nachzuweisen.
In der Sammlung des Art Institute in Chicago befindet sich ein ganz ähnlicher Teller, der Safar 578/ März 1191datiert ist und damit auch einen Anhaltspunkt für die Datierung des Frankfurter Stückes gibt.

Vgl.: SPA, Bd. 10, S. 638; Watson (1985), S. 71, Abb. 38

51 SCHALE V 205

Iran, 13. Jh.
H 8,7 cm, Dm 20,7 cm, Dm Standring 8,3 cm
Erworben 1959

Feiner, heller Scherben. Opake, weiße Glasur, fein gesprüngelt, Reste von Vergoldung, rote Bemalung, Reliefdekor. Aus mehreren Bruchstücken zusammengesetzt, wenige Ergänzungen.
Sehr dünnwandige Schale auf gespreiztem Fußring mit niedriger, bauchig gewölbter Wandung.
Der Dekor der Schale zeichnet sich durch außergewöhnliche Feinheit aus. Er ist in Relief gearbeitet und die erhabenen Partien sind zusätzlich mit einer feinen roten Umrißlinie konturiert. Vergoldete Partien, die inzwischen größtenteils abgeblättert sind, geben einen zusätzlichen farbigen Akzent.
Das Schaleninnere zeigt in der Mitte einen sechsstrahligen, aus Gabelblattpaaren zusammengesetzten Stern. Von den Spitzen und von den Zwickeln der Sternform ausgehend wird das Muster zu einem zwölfstrahligen System erweitert. Auf zwölf radial angeordnete Kompositblüten folgen im Wechsel eine frontal wiedergegebene, hockende Sphinx und ein affrontiertes Vogelpaar mit nach rückwärts gewandtem Kopf. Sowohl die Sphingen als auch die Vogelpaare sind außerordentlich kunstvoll in den vegetabilen Dekor eingefügt und erscheinen auf den ersten Blick als phantasievolle Blüten.
Die äußere Wandung zeigt einen sparsamen Dekor von Palmetten und Nuppen, der sich in seiner Raumaufteilung auf die durch den Dekor im Schaleninneren vorgegebene Ordnung bezieht.
Inhaltlich ist der Dekor der Schale ähnlich fein durchdacht, wie auch in der ästhetischen und technischen Ausarbeitung. Die um einen Mittelpunkt herum angelegte, sechsstrahlige Sternform, die sich zu einem zwölfstrahligen System erweitert, weckt Assoziationen an Darstellungen, die die Sonne zeigen, umgeben von den sechs Planeten und den zwölf Sternzeichen. Vergleichbare Darstellungen gehörten zum Standardrepertoire des Dekors seldschukischer Metallarbeiten. Aufgenommen und weitergeführt wird dieser Gedanke mit der Darstellung von Sphingen und Vögeln als weiteres Dekorelement. Beide gelten als Symbole der Sonne; und auch die ursprüngliche Vergoldung des Dekors ist so gesehen nicht nur farbiger Akzent sondern auch sinnhaltige Anspielung auf den allgemeinen Bedeutungszusammenhang.
Die Schale gehört zu einer Gruppe von Keramiken, die sich durch verfeinerte Technik und höchste Eleganz des Entwurfs auszeichnen. Die mitunter sehr reiche Reliefierung und Vergoldung des Dekors weist auf Bezüge zu gleichzeitigen Metallarbeiten.

Lit.: Baer (1965), S. 67, Abb. 48; Düsseldorf (1973), S. 157-58, Nr. 120; Frankfurt (1974), S. 61, Nr. 153, Abb. 81

52 GEFÄSS MIT DOPPELAUSGUSS V 226

(Farbabb. s. S. 151)

Iran, Anfang 13. Jh.
H 14,5 cm, Dm 14 cm, Dm Standring 10 cm
Erworben 1950

Feiner, heller Scherben. Opake, türkisfarbene Glasur, weitmaschig gesprüngelt, innen und außen deckend, am Fuß dick abtropfend. Reste von Goldauflagen.

Bauchiges Gefäß auf niedrigem Fußring mit stark eingezogenem oberen Rand. Zwei vollplastisch geformte, stehende Feliden, die auf der Schulter und am Hals des Gefäßes ansetzen, bilden die Henkel. Zwischen den beiden Tieren setzen zwei gegenständig angeordnete, röhrenförmige Ausgüsse an, die sich, rechtwinklig abknickend, nur wenig vom Rumpf der Schale lösen.

Der ursprüngliche Dekor des Gefässes in Form von Goldauflagen ist stark abgerieben und nur noch stellenweise zu rekonstruieren. Um den Hals zieht sich ein Schriftband im Kufi-Duktus, mit vegetabilen Elementen kombiniert. Am Ansatz der Ausgußröhren sind Reste eines symmetrischen, aus Arabeskranken zusammengesetzten Ornamentes zu erkennen. Beiderseits dieses Ornamentes sitzen Medaillons, die ebenfalls aus vegetabilen Grundformen zusammengesetzt sind, in ihrer Mitte scheint eine thronende Gestalt abgebildet zu sein. Auf dem Rücken der beiden Raubkatzen haben sich ebenfalls Reste von Vergoldung erhalten.

Der Vergleich mit anderen, vollständig erhaltenen Beispielen dieser Gruppe zeigt, daß das Gefäß ursprünglich einen Deckel besaß. Dieser war vermutlich halbkugelig gewölbt, als Griff diente ein weiteres plastisch ausgebildetes Tier, etwa eine Raubkatze oder ein Vogel.

Die plastische Ausbildung der Gefäß-Henkel in Form von Raubkatzen bedeutet einen Rückgriff auf vorislamische persische Kunsttraditionen. Bereits in der parthischen, achämenidischen und sasanidischen Kunst werden Feliden bevorzugt als Gefäßhenkel verwendet. Dem liegt eine Symbolik zugrunde, die den Löwen sowohl als das Tier der Sonne als auch als Herrschersymbol und Sternzeichen kennzeichnet.

Lit.: Frankfurt (1966), Nr. 25; Frankfurt (1987), S. 154-55
Vgl.: Lane (1947), S. 29; Fehervari (1973), S. 75, Abb. 55 a und b

53 SCHALE 6489

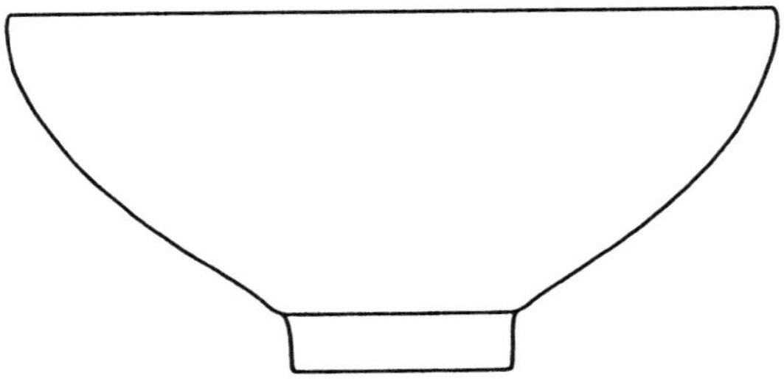

Iran, Kaschan, Ende 13. Jh.
H 9,9 cm, Dm 20,5 cm, Dm Standring 5,9 cm
Erworben 1929

Feiner, heller Scherben. Opake, weiße Glasur, allseitig deckend. Bemalung in Türkis und Kobaltblau unter der Glasur sowie in rötlichem und goldfarbenem Lüster.
Tiefe Schale auf engem Fußring mit leicht bauchig geschwungener, steil aufsteigender Wandung.
Das Schaleninnere ist durch zwölf radiale Streifen – abwechselnd in Kobaltblau und Türkis – in Segmente unterteilt. Die einzelnen Abschnitte füllen wechselweise in Lüster gezeichnete beziehungsweise invers dargestellte Arabeskranken und ein Rankensystem aus s-förmigen Häkchen. Die äußere Wandung zeigt längliche, vertikal gereihte Blätter in rötlichem Lüster. Diese Blattformen füllen wechselweise Häkchen – der Vergleich mit anderen Beispielen zeigt, daß hier Schrift gemeint ist – und Spiralmotive. Die sonst übliche, naturalistische Darstellung der Blattadern fehlt hingegen.
Sowohl die Form der Schale als auch der Dekor auf der Außenwandung sind von chinesischen Vorbildern abgeleitet. Vor allem im 14. Jahrhundert wurden große Mengen chinesischen Seladons nach Persien importiert. Eine charakteristische Form ist die hier nachgeahmte Schale auf engem Fuß mit steiler, nur mäßig bauchiger Wandung. Der in Relief gearbeitete Lotuspaneel-Dekor auf der Außenseite der chinesischen Vorbilder ist bei der persischen Nachbildung in Lüster gezeichnet.

Vgl.: Allan (1971), S. 37, Abb. 32; Atil (1973), S. 161, Nr. 73; SPA, Bd. 10, Abb. 775 a; Watson (1985), S. 111, Nr. 88, Tafel H

54 BECHER 13489

Iran, 12.-13. Jh.
H 8,2 cm, B 7,6 cm, L 11,9 cm
Erworben 1972

Feiner, rosafarbener Scherben. Kobaltblaue, transparente Glasur, zum Teil irisiert, innen und außen deckend, Fuß unglasiert.
Auf niedrigem Fußring länglichovales Gefäß in Form eines Vogels mit Menschengesicht. Details des Dekores sind in Relief gearbeitet. Eine der Schmalseiten zeigt ein Menschenanlitz, ein rundes Gesicht mit Schlitzaugen, krönendem Kopfputz und in Kinnhöhe eingerollten Locken. Seitlich am Gefäß sind die Flügel angedeutet. Am Ansatz des rechten Flügels ist ein schmales Schriftband in blühendem Kufi-Duktus zu erkennen, die weitere Detailzeichnung des Flügels ist sehr undeutlich und nicht zu rekonstruieren. Unterhalb des linken Flügels ist außerdem ein Fuß angedeutet.
Menschenköpfige Vogelwesen werden in der islamischen Kunst in einer Vielzahl unterschiedlicher Zusammenhänge dargestellt. Die islamische Überlieferung kennt mindesten vier verschiedene Bezeichnungen dieses Phantasietieres, die alle ihre eigene, mehr oder weniger voneinander unabhängige literarische Tradition besitzen. Der murgh-i ādamī ist Wächter einer fabelhaften Landschaft am Ende der Welt, er kann dem Menschen sowohl freundlich als auch feindlich gesinnt sein. Dasselbe gilt für den ʿanqā, einen fabelhaften Raubvogel, der Mensch und Tier verschlingt. Der zāghsār ist eine sprechende Krähe, ihm scheint eine besondere Bedeutung im Zusammenhang mit Hochzeitszeremonien zuzukommen. Die Bedeutung des letzten der vier Fabelwesen, des baḥrī, ist unklar.
Die exakte Zuweisung einer Darstellung kann meist nur in Verbindung mit einem Text oder einem anderen ikonographischen Detail erfolgen. Im vorliegenden Fall weist das Schriftband auf dem Flügel der Harpyie auf den glücksbringenden Charakter der Darstellung.

Lit.: Frankfurt (1974), S. 59, Nr. 148, Abb. 80
Vgl.: Fehervari (1973), S. 77, Nr. 68; Grube (1976), S. 172-73, Nr. 121; Grube (1965), S. 217, Abb. 14 und 15; Kopenhagen (1990), S. 97, Nr. 109; SPA, Bd. 10, Abb. 742 b

55 FIGURINE

12630

Iran, 12. Jh.
H 15,9 cm, B 5,5 cm
Erworben 1956

Feiner, weißer Scherben. Unglasiert, schwarze Bemalung und Reste roter Bemalung. Aus mehreren Bruchstücken zusammengesetzt, Fußplatte ergänzt.
Flache, in Halbrelief dargestellte Figur eines Mannes mit vor der Brust gefalteten Händen. Auf dem Kopf trägt er eine dreizipfelige Mütze, die mit Reliefdekor verziert ist. Mund und Nase sind ebenfalls in Relief gearbeitet, die übrigen Gesichtszüge sind aufgemalt, ebenso die schwarzen Haare, die das Gesicht rahmen und in Kinnhöhe in eingedrehten Locken enden. Die Augenbrauenlinien, die Nasenkonturen und der Mund waren ursprünglich mit feinen roten Linien nachgezeichnet, die nur noch andeutungsweise erkennbar sind. Des weiteren sind die Ärmelsäume durch einen schwarzen Strich angedeutet. Im übrigen ist die Gestalt der Figur wenig ausgearbeitet und auch nicht durch Bemalung verdeutlicht. Vor den Beinen scheint etwas weggebrochen zu sein, möglicherweise ein Gefäß.

Lit.: Frankfurt (1974), S. 62, Nr. 155, Abb. 118

56 FIGÜRLICHES GEFÄSS 13169

Iran, Kaschan, 13. Jh.
H 12 cm, B 9 cm
Erworben 1964

Feiner, rosafarbener Scherben. Opake, weiße Glasur, Bemalung in rötlichem und goldfarbenem Lüster.
Auf flacher Standfläche Gefäß in Form einer hockenden Gestalt. Der Kopf der hohl gearbeiteten kleinen Figur ist nach oben hin offen und dient als Eingußöffnung.
Details sind mit Lüster aufgemalt. Das runde Gesicht mit den Schlitzaugen und stark gezeichneten Augenbrauen entspricht dem gängigen Schönheitsideal der Zeit. Langes Haar fällt beiderseits des Gesichtes bis über die Schultern herab. Die rechte Hand ist vor der Brust erhoben und hält ein Glas. Auf dem Kopf trägt die Figur einen hohen Reif, der über der Stirn von einer Palmette gekrönt wird. Dieser Kopfputz fixiert einen Schleier, der Kopf, Schultern und Rücken bedeckt. Er ist fein gemustert mit großen, in Reserve gezeichneten Arabeskranken, die eine Binnenzeichnung in rötlichem Lüster zeigen. Der verbleibende Grund ist mit zarten, in den Lüster geritzten Spiralen gefüllt. Vorne fällt der Schleier weit auseinander und zeigt ein Untergewand mit einem Muster aus Spiralranken in Reserve vor gepunktetem Grund.
Trotz des in zahlreichen Überlieferungen festgehaltenen Verbotes Lebewesen darzustellen, kennt die islamische Kunst eine große Anzahl unterschiedlichster Typen von Keramikfigurinen in Menschen- und Tierform. Viele dieser Objekte sind offensichtlich Gebrauchsgegenstände wie Gießgefäße, Vasen oder Badereibesteine. Dies gilt auch für eine kleine Gruppe solcher Figurinen, die hockende menschliche Gestalten nachbilden und die dem Dekor nach eindeutig in Kaschan entstanden sind. Dargestellt sind einerseits Typen aus dem höfischen Milieu wie Lautenspieler und Zechende. Es gibt aber auch Figuren, die eine stillende Mutter mit Kind nachbilden. Die spezifische Funktion und Bedeutung dieser figürlichen Gefäße und der Kontext, in dem sie verwendet wurden ist noch weitgehend ungeklärt und damit auch die Frage, ob der funktionale Aspekt der Objekte primäre oder sekundäre Bedeutung hatte.

Vgl.: Bahrami, (1949), Abb. XCII; Düsseldorf (1973), S. 129, Nr. 171; Grube (1966), S. 166 und S. 170; Lane (1947), Abb. 53 a; Soustiel (1985), S. 133, Nr. 151; SPA, Bd. 10, S. 740

57 FLASCHE (Farbabb. s. S. 153) V 227

Iran, 13. Jh.
H 27,3 cm, B Standfläche 8,7 cm, T Standfläche 5,7 cm
Erworben 1964

Feiner, hellrosafarbener Scherben. Transparente, kobaltblaue Glasur, am Fuß dick abtropfend. Bemalung mit goldfarbenem Lüster. Auf der rechten Schulter Abbruchstelle. Glasur und Bemalung teilweise stark zerstört.
Auf gerader, rechteckiger Standfläche Flasche in Form eines stehenden Kriegers. Hohl gearbeitet, nach oben offen. Details der Figur und Gesichszüge sind in flachem Relief modelliert und teilweise zusätzlich in Lüster aufgemalt.
Die Gestalt des Mannes ist aufrecht stehend wiedergegeben, die Arme sind vor der Brust angewinkelt, beide Hände halten einen Stab oder ein Schwert umfaßt, das auf den Boden gestützt ist. Das Gesicht mit den Schlitzaugen und dem kurzen Spitzbart weist mongolische Züge auf. Das Haar ist kurz und läßt die Ohren frei. Auf dem Kopf trägt die Figur eine kegelförmige Mütze, die nach oben hin mit einem umlaufenden Wulst abschließt. Darüber setzt der kurze enge Hals der Flasche an. Das Gewand ist kniekurz und die darunter sichtbaren Beine nur sehr unvollständig ausgeformt. Auf dem Rücken der Figur ist der gemalte Dekor des Gewandes noch erkennbar: vor einen gepunkteten Grund sind Pfauenaugenmotive gesetzt.

58 FIGURINE 13166

Iran oder Syrien, 13. Jh.
H 17,2 cm
Erworben 1964

Feiner, weißer Scherben. Transparente, türkisfarbene Glasur, auch in der Standfläche. Bemalung in Schwarz.
Auf den Knien hockende Gestalt mit hoch über den Kopf erhobenen Armen, auf denen eine Schale ruht. Die Unterarme sind unnatürlich verlängert, der Kopf übergroß. Die Nase ist in Relief ausgearbeitet, die übrigen Gesichtszüge sind gemalt. Den Körper überziehen flüchtig gezeichnete Arabeskranken, Details der Kleidung sind nicht bezeichnet. Die Arme sind quergestreift. Das Innere der Schale zeigt eine aus zwei Lanzettblättern gebildete Knospenform, auf der äußeren Wandung sind abwechselnd Palmetten und Blüten gereiht.
Auffällig ist der Glanz der Glasur und der leuchtende Farbton des Türkis. Auch die Form der Figurine ist ungewöhnlich. Pope bildet eine ebenfalls in Schwarz unter türkisfarbener Glasur bemalte Keramikfigurine ab, die allerdings stilistisch der unter Katalog-Nr. 57 besprochenen Gruppe zuzuordnen ist. Der Stil der flüchtig gemalten Arabeskranken und der steife, unproportionierte Körper der Figur zeigen wenig Gemeinsamkeiten mit den in Kaschan entstandenen Keramikfigurinen.

59 KRUG 12611

Iran oder Irak, 12. Jh.
H 14,7 cm, Dm 14 cm, Dm Mündung 9 cm,
Dm Standring 5,9 cm
Erworben 1956

Feiner, gräulichweißer Scherben, unglasiert, Dekor mit Stempeln geprägt. Aus mehreren Bruchstücken zusammengesetzt, geringfügige Ergänzungen.
Dünnwandiger Krug auf innen abgesetzter Standfläche mit bauchig gewölbter Wandung, schräg ansteigender, nicht abgesetzter Schulter und engem, nach oben erweitertem Hals. Der Henkel ist abgebrochen.
Das untere Drittel des Kruges ist undekoriert. Dann folgt eine umlaufende Reihe von annähernd dreieckigen Eindrücken. Darüber zieht sich ein breiter, in Relief gearbeiteter Musterstreifen, der aus einer begrenzten Zahl von Einzelmotiven zusammengesetzt ist. Primäres Dekorelement sind sechs Rosetten, die jeweils eine Vogelfigur umschließen. Die Rosetten sind auf der Mitte des Gefäßkörpers umlaufend gereiht. In die Zwickel zwischen den Rosetten sind stellenweise zwei weitere Vögel gesetzt. Den verbleibenden Grund füllen kleine Ringe und Halbkreise.

Lit.: Frankfurt (1956), S. 64, Nr. 329
Vgl.: Lane (1947), Abb. 36 a

60 SCHALENBODEN (FRAGMENT) 12629

Iran, Kaschan, zweite Hälfte13. Jh.
Dm 11,5 cm
Erworben 1956

Feiner, heller Scherben. Opake, weiße Glasur, Bemalung mit Unterglasur- und Aufglasurfarben in Rot, Schwarz, Grau, Türkis, Kobaltblau, Rosa.
Fragment eines Schalenbodens, am Rand ergänzt und gefaßt.
Das kreisrunde Mittelfeld ist von einem schmalen roten Streifen gerahmt, der dem Spiegel der Schale entspricht. Ein stilisierter Baum bildet die mittlere Achse. Er wächst oberhalb eines Gewässers, das durch wellenartige blaue Linien als solches gekennzeichnet ist. Rechts und links des Baumes sitzen zwei frontal dargestellte Personen im „Türkensitz", mit bunt gemusterten Kleidern und wehenden Kopfbinden.

Vgl.: SPA, Bd. 10, S. 694, Abb. A

61 SCHALE 15100

Iran, Kaschan, zweite Hälfte 13.Jh
H 5,2 cm, Dm 20,6 cm, Dm Standring 9,1 cm
Erworben 1990

Feiner, heller Scherben. Opake, türkisfarbene Glasur, allseitig deckend, auch im Fußring, fein gesprüngelt. Bemalung mit Unterglasur- und Aufglasurfarben in Schwarz, Rot, Braun, Hellrosa und Violett. Aus wenigen Bruchstücken zusammengesetzt, geringfügige Ergänzungen.
Flache Schale auf niedrigem Fußring mit leicht bauchig geschwungener Wandung.
Das Schaleninnere gliedern konzentrische Kreise. Im Mittelfeld ist eine Thronszene dargestellt. Der frontal dargestellte, im Türkensitz auf dem niedrigen Thron hockende Herrscher wird rechts und links von stehenden Dienern flankiert. Oberhalb und unterhalb des Thrones sind zusätzlich je zwei affrontierte Vögel dargestellt. Diese mittlere Szene wird gerahmt von einem schmalen Ornamentstreifen, der gereihte, vierblättrige Rosetten zeigt. In dem folgenden, breiteren Musterstreifen sind abwechselnd je eine hockende Figur und ein Pinienzapfenmotiv gereiht. Der daran anschließende schmale Musterstreifen zeigt ein aus der arabischen Schrift abgeleitetes Ornament und schließt den Dekor zum Rand der Schale hin ab. Auf der äußeren Wandung sind vier kurze Pseudo-Schriftzeilen kreuzweise angeordnet.

Vgl.: Atil (1973), Nr. 35; Fehervari (1973), S. 100, Nr. 120, Abb. 52 a; Lehnhoff (1989), S. 80-81, Nr. 25

62 SCHALE (Farbabb. s. S. 152) 14884

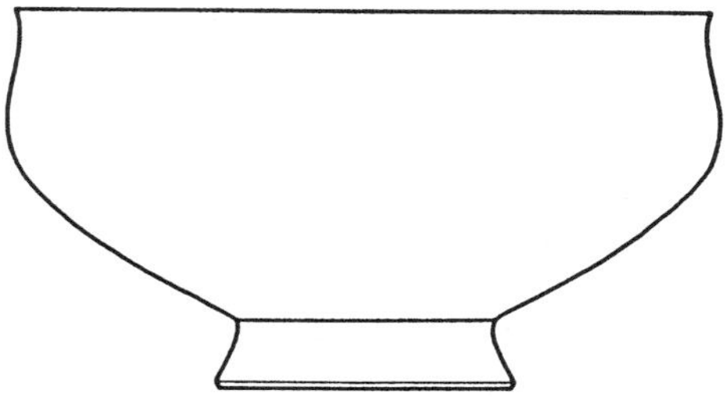

Iran, Kaschan, zweite Hälfte13. Jh.
H 10,1 cm, Dm 17,5 cm, Dm Standring 7,3 cm
Erworben 1988

Feiner, heller Scherben. Opake, weiße Glasur, allseitig deckend, auch im Fußring, fein gesprüngelt. Bemalung mit Unterglasur- und Aufglasurfarben in Schwarz, Türkis, Kobaltblau, Grün, Rotbraun, Gelbbraun und Rot. Aus zahlreichen Bruchstücken zusammengesetzt.
Schale auf mittelhohem, gespreizten Fußring mit schräg aufsteigender, gerader Wandung, im oberen Drittel leicht eingezogen.
Bis auf ein schmales, rahmendes Band als oberer Abschluß ist die gesamte Innenfläche der Schale von einer nach links galoppierenden Reiterfigur ausgefüllt. Pferd und Reiter sind außerordentlich fein und mit Liebe zum Detail gezeichnet. Der Reiter ist, dem damaligen Schönheitsideal entsprechend, mit rundem Gesicht, Schlitzaugen und langen Zöpfen wiedergegeben. Er trägt ein über der Brust gewickeltes, kniekurzes Gewand, enganliegende Hosen und buntgemusterte Stiefel, das Obergewand ist ebenfalls reichgemustert. Das braune Pferd hat ein bunt getüpfeltes Fell und reich verziertes Sattel- und Zaumzeug mit goldgelben Beschlägen. An den Steigbügeln und am Halsriemen sind außerdem bunte Quasten als Schmuck befestigt. Den verbleibenden Grund füllen phantastische Spiralranken mit zweifarbigen Blättern. Um den oberen Rand zieht sich ein Pseudo-Schriftband, in Reserve gezeichnet, in der für die Mina'i-Keramik charakteristischen Ausführung. Ein weiteres Schriftband zieht sich um die äußere Wandung. In flüchtigem Naskhi-Duktus wird hier eine Buchstabenfolge aneinandergereiht, die möglicherweise als „al-ʿizz wa …" – „Macht und …" zu lesen ist.
Der sorgfältig ausgeführte Dekor der Schale spiegelt stilistisch und ikonographisch die nur bruchstückhaft erhaltene Buch- und Wandmalerei der Seldschukenzeit wieder: die Figur ist vor ein kunstvoll gestaltetes Rankenwerk gestellt und nimbiert, der flatternde Gewandzipfel, der wehende Schweif und die hohe Aktion der Vorderbeine des Pferdes bringen deutlich Bewegung zum Ausdruck. Zugleich scheint der Blick des nach hinten schielenden Pferdes den Humor des Betrachters anzusprechen.

Lit.: Christie's (1987), S. 73, Nr. 177
Vgl.: SPA, Bd. 10, S. 654

63 KLEINE VASE (o. Abb.) 6247

Syrien, um 1200
H 17,1 cm, Dm 11,9 cm, Dm Mündung 6,6 cm,
Dm Standring 7,2 cm
Erworben 1927

Mittelfeiner, weißer Scherben. Transparente, türkisfarbene Glasur, innen und außen, Bemalung in Schwarz. Aus wenigen Bruch-

stücken zusammengesetzt, einige, zum Teil große Ergänzungen. Die Glasur ist nur noch an einer Seite der Vase erhalten, im übrigen aber abgerieben. Die Bemalung ist zum Teil abgeplatzt, möglicherweise auch ein Fehler beim Brand.
Kleine Vase auf niedrigem Fußring mit schräg aufsteigender, gerader Wandung, nicht abgesetzter Schulter und engem, zylindrischen Hals. Der Hals ist durch ein umlaufendes Profil vom Gefäßkörper abgesetzt und endet mit leicht ausgestellter Lippe.
Große Papyrusblätter, in zwei Reihen übereinander und versetzt angeordnet überziehen den gesamten Gefäßkörper. Das Pseudo-Inschriftband, das sich um den Hals zieht, imitiert arabische Schrift im Kufi-Duktus. Dieses Motiv ist charakteristisch für eine Untergruppe der nach ihrem Fundort benannten Raqqa-Keramik, findet sich aber auch bei vielen in Hama ausgegrabenen Fragmenten. Andererseits kennt man es als charakteristisches Randmotiv einer ganzen Reihe von Mina´i-Schalen, also persischer Keramiken des 12.und 13. Jahrhunderts. Dieser Umstand ist ein eindeutiges Indiz für die Abhängigkeit der syrischen von der persischen Keramik. Ein anderes, der syrischen Keramik eigentümliches Motiv sind die großen Papyrusblätter.

Vgl.: Grube (1963), S. 52, Abb. 6; Lane (1947), Abb. 77a; Porter (1981), S. 22, Abb. XIII

64 KLEINE VASE 6455

Syrien, Raqqa,12. Jh.
H 14,6 cm, Dm 12,4 cm, Dm Mündung 6,2 cm,
Dm Standring 6 cm
Erworben 1928

Mittelfeiner, weißer Scherben. Transparente, türkisfarbene Glasur, innen und außen bis kurz oberhalb des Fußes, dick abtropfend, stark irisiert. Bemalung in Schwarz.
Auf tief eingezogenem, gespreizten Fußring schräg aufsteigende, gerade Wandung, im oberen Bereich bauchig gewölbt. Schräge, nicht abgesetzte Schulter, enger, zylindrischer Hals mit ausgestellter Lippe.
Der Dekor der Schale ist nur noch ansatzweise zu rekonstruieren, da er unter der stark irisierten Glasur kaum zu erkennen ist. Durch umlaufende, breite Streifen in der Mitte der Wandung, auf der Schulter und mittig auf dem Hals ist die Oberfläche in verschieden breite Bänder aufgeteilt. Das breite mittlere Band war nochmals mit gereihten Einzelmotiven gefüllt.
Die Form der kleinen, bauchigen Vase ist charakteristisch für die Erzeugnisse der Werkstätten von Raqqa. Ebenso die Eigenart, die Wandung nicht bis zum Fuß zu glasieren, so daß ein Kontrast zwischen unglasierter und glasierter Oberfläche entsteht.

65 TABURETT (Farbabb. s. S. 154) H.St.66

Syrien, Raqqa, 12. Jh.
H 24,5 cm, Dm 23 cm
Erworben 1992

Mittelfeiner, weißer Scherben. Transparente, türkisfarbene Glasur, kobaltblaue Bemalung, Reliefdekor. Aus mehreren Bruchstücken zusammengesetzt, eine Ergänzung aus einem fremden Stück.
Hexagonales Tischchen auf sechs Füßchen stehend, mit geschlossenen Seitenflächen und durchbrochen gearbeiteter Oberseite.
Der in Relief gearbeitete Dekor der Seitenflächen ist in drei horizontal umlaufende Zonen gegliedert. Den oberen und den unteren Abschnitt beherrscht kalligraphischer Schriftdekor, in der oberen Zeile im Kufi-Duktus, in der unteren Zeile in kursivem Naskhi (Transskr. u. Übers. s. Anhang). Der mittlere Streifen zeigt in Durchbruchtechnik gearbeitete Baluster, seitlich begrenzt von Arabeskranken in Relief. Die Oberseite des Tischchens überzieht ein stegartig herausgearbeiteter Flechtbanddekor, basierend auf sechsstrahligen Sternformen und Hexagonen, die teilweise durchbrochen gearbeitet sind. Ein kobaltblauer Streifen rahmt die Oberseite.
Das Tischchen gehört zu einer Gruppe von Keramikmöbeln – Tischchen, Hocker und Ständer – die der Region um Raqqa zugeschrieben werden. Gemeinsame Merkmale dieser Gruppe sind die türkisfarbene Glasur, die zu starker Irisbildung neigt, sowie der flächendeckende Dekor in Relief- und Durchbruchtechnik. In der Ausführung ahmen diese Keramiken Hozmöbel nach, was besonders an den wie gedrechselt wirkenden Füßchen deutlich wird.

Lit.: Städel (1993), S. 353-54, Abb. 14
Vgl.: Porter (1981), S. 36f, Abb. XXVI; Soustiel (1985), S. 117, Abb. 128

66 SCHALE 6454

Syrien, Raqqa, 13. Jh.
H 9,8 cm, Dm 19,5 cm, Dm Standring 7 cm
Erworben 1928

Mittelfeiner, gräulichweißer Scherben. Transparente, grünlich schimmernde Glasur, innen und außen, am Fuß dick abtropfend, in der Schalenmitte zu einem See zusammengelaufen, stark irisiert. Bemalung in Schwarz und Kobaltblau. Eine Ergänzung.
Schale auf mittelhohem, dünnwandigen Fußring mit deutlich abgesetztem Spiegel und schräg aufsteigender, gerader Wandung.
In die Schalenmitte sind mit feinen schwarzen Doppellinien zwei konzentrische Kreise gesetzt. Der innere Kreis zeigt ein Motiv, das unter der dick zusammengelaufenen Glasur nicht erkennbar ist, möglicherweise handelt es sich um einen Vogel. In der Wandung sind drei Spitzmedaillons in schwarzer Umrißzeichnung gleichmäßig in das Rund eingestellt. Sie sind mit einem zweiten, gepunkteten Spitzmedaillon gefüllt. In die verbleibende Fläche zwischen den Medaillons sind Kartuschen gesetzt, die die Umrisse der Medaillons und des Spiegels wieder aufgreifen. Die Kartuschen füllen blaue Schriftzeichen vor schematisch gezeichnetem Rankengrund. In jeder Kartusche wird eine aus drei Buchstaben bestehende Folge dreimal wiederholt, eine Lesart wäre „ilah – Gott“. Um den oberen Rand läuft ein schmaler Streifen in Kobaltblau. Der Dekor der äußeren Wandung besteht lediglich aus einem breiten schwarzen Streifen auf mittlerer Höhe.
Ein charakteristisches Dekorelement der syrischen Keramik, das auch Rückschlüsse auf die Datierung eines Objektes erlaubt, sind die schematisch gezeichneten Ranken in den Kartuschen. Sie treten in unterschiedlichen Entwicklungsstufen auf, von annähernd naturalistisch gezeichneten Ranken mit erkennbaren Blättern bis hin zu wahllos auf den Grund gesetzten Punkten und Häkchen. Ein weiteres Indiz für die Datierung ist die Form. Am gebräuchlichsten ist eine bauchig gewölbte Schale mit flachem Rand, außerdem findet man aber auch konische Schalen mit mittelhohem Fußring. Letztere Form scheint erst im zweiten Viertel des 13. Jahrhunderts in Syrien verbreitet gewesen zu sein und ist auf persische Einflüsse zurückzuführen. Die Frankfurter Schale müsste demnach ebenfalls erst in das zweite Viertel des 13. Jahrhunderts datiert werden.

Vgl.: Philon (1985), S. 123, Abb. 16 und Abb. 17

67 ALBARELLO (Farbabb. s. S. 155) WM A1

Syrien, 13. Jh.
H 32,2 cm, Dm Mündung 11,5 cm, Dm Standfläche 11,3 cm
Erworben 1904

Feiner, gelblichweißer Scherben. Transparente, kobaltblaue Glasur, innen und außen, Bemalung in Lüster. An der Mündung kleine Fehlstelle ergänzt.
Über der Standfläche schräg ansteigender, über einem Absatz annähernd zylindrisch ausgeformter Gefäßkörper mit schräg über die Wandung verlaufenden Rippen. Auf der schwach ansteigenden, abgesetzten Schulter setzt der enge, zylindrische Hals mit leicht ausgestellter Lippe an.
Die geschwungenen Rippen sind durch einen breiten Lüsterstreifen betont. Sie teilen die Wandung in schräg verlaufende Bänder, die abwechselnd mit zwei unterschiedlichen Typen von Wellenranken in flüchtiger Zeichnung gefüllt sind. Um den Hals läuft ein weiteres breites, mit einer Wellenranke gefülltes Feld.

Lit.: Kühnel (1963), Farbabb.X; München (1910), Bd. II, Nr. 1071, Abb. 93
Vgl.: Kühnel (1963), S. 104-05; Lane (1957), Abb. 8; Arts of Islam (1976), S. 234, Nr. 313

68 SCHALE 10435

Syrien, 13. Jh.
H 11,8 cm, Dm 24,5 cm, Dm Standring 8,7 cm
Erworben 1943

Mittelfeiner, weißer Scherben. Transparente, farblose Glasur, grünlich schimmernd, innen und außen, am Fuß dick abtropfend. Bemalung in dunkelbraunem Lüster. Aus wenigen Bruchstücken zusammengesetzt, eine größere Ergänzung am Rand.
Auf mittelhohem Fußring Schale mit sehr wenig bauchiger, konischer Wandung.
Das Innenfeld ist durch drei radiale Streifen in gleichgroße Felder aufgeteilt. Darin sind in grober Zeichnung zwei Lanzettblätter angeordnet, die eine Knospenform rahmen. Aus der Knospe entspringen wiederum zwei Ranken, die sich seitlich zu Spiralranken eindrehen. Die äußere Wandung zeigt umlaufend eine kursive Pseudo-Inschrift in sehr flüchtiger Zeichnung.

69 SCHALE 15405

Iran, Kaschan, Ende 13.-Anfang 14. Jh.
H 9,3 cm, Dm 20,7 cm, Dm Standring 6,2 cm
Erworben 1991

Mittelfeiner, heller Scherben. Transparente, farblose Glasur, im Schaleninneren teilweise stark irisiert. Bemalung in Kobaltblau, Schwarz und Türkis. Aus mehreren Bruchstücken zusammengesetzt, geringfügige Ergänzungen.
Steile, wenig bauchige Schale auf niedrigem Standring.
Das kreisrunde Feld in der Mitte der Schale zeigt eine auf den Knien hockende Gestalt, im Halbprofil dargestellt, ein Arm ist vor dem Körper angewinkelt, der andere liegt locker auf dem Oberschenkel, um den Kopf ist ein Tuch gewunden. Die Figur ist invers dargestellt, der Kopf durch einen Nimbus hinterfangen. Die Gesichtszüge sind nur flüchtig skizziert. Der Hintergrund ist in Kobaltblau gehalten und mit naturalistisch gezeichneten Blättern gefüllt, schwarz konturiert und türkisfarben. Die verbleibende Wandung füllen vier kreuzförmig angeordnete, weißgerahmte Medaillons. Ihre Innenfläche ist ebenfalls in Kobaltblau angelegt und mit türkisfarbenen Blättern gefüllt. In den Feldern zwischen den Medaillonformen ist jeweils eine liegende Raubkatze in naturalistischer Darstellung gezeigt, invers dargestellt, mit gepunktetem Fell. Der verbleibende Grund ist fein schwarz schraffiert und mit weißen, türkisfarbenen und kobaltblauen Blättern gefüllt.
Die Außenseite der Schale zeigt am oberen Rand und oberhalb des Fußes zwei beziehungsweise drei umlaufende Streifen in Schwarz. Der breite dazwischenliegende Streifen ist gefüllt mit regelmäßig gereihten, schwarzen Schrägstrichen, die mit kobaltblauen Punkten besetzt sind.
In Weiterentwicklung der im seldschukischen Kaschan üblichen Dekore zeigt die Schale einen neuen, naturalistischeren Stil. Anstelle der zum Ornament stilisierten vegetabilen Formen tritt natürlich wirkendes Blattwerk. Die sitzende Figur ist mit mongolischen Gesichtszügen und ebensolcher Tracht abgebildet und knüpft damit an Darstellungen im späten Kaschan-Stil an, die ebenfalls einen mongolischen Menschentypus zeigen. Der fein schraffierte Grund und der Einsatz von türkis und kobaltblau zeigen außerdem das zunehmende Interesse des Künstlers an einer neuen Farbigkeit.

70 SCHALE 10134

Iran, 14. Jh.
H 10,4 cm, Dm 21,8 cm, Dm Standring 7 cm
Erworben 1942

Mittelfeiner, rosafarbener Scherben. Weißer Anguß, Bemalung in Kobaltblau, Türkis und Schwarz unter transparenter, farbloser Glasur, allseitig deckend, fein gesprüngelt. Aus mehreren Bruchstücken zusammengesetzt, geringfügige Ergänzungen.
Schale auf gespreiztem, niedrigem Fußring mit schräg ansteigender, gerader Wandung, über einem Absatz im oberen Viertel nach innen eingezogen. Der Rand ist flach und T-profilartig ausgearbeitet.
Der Dekor des Schaleninneren basiert auf einem Flechtbandsystem. Mittelpunkt ist die um einen blauen Punkt angelegte fünfblättrige Rosette. Die Umrisse der Rosette sind breit schwarz konturiert, die Blätter sind in Blau kreuzweise schraffiert. Von der Rosette aus erweitert sich das Flechtbandsystem zu fünf radial angeordneten Lotuspaneelen mit farbig gestaffelten Umrißlinien. Der äußerste rahmende Streifen ist weiß, darauf folgt eine schwarze Linie, in die zusätzlich Häkchen eingeritzt wurde, so daß der weiße Anguß sichtbar wird. Darauf folgt ein weiterer weißer Streifen und schließlich ein weißgrundiger Streifen, mit blauen und türkisfarbenen Punkten besetzt. Das verbleibende Innenfeld ist mit Blattranken vor schwarz schraffiertem Grund gefüllt. Die Zwickel zwischen den Lotuspaneelen sind kreuzweise in Kobaltblau schraffiert.
Die Außenseite zeigt oberhalb des Fußes drei umlaufende schwarze Streifen. Darüber schließt ein breites Feld an mit Spiralen in Schwarz vor schwarz gepunktetem Grund sowie mit radial angeordneten kobaltblauen Streifen, die teilweise die Spiralen überschneiden. Den schmalen verbleibenden Streifen oberhalb des Absatzes der Wandung füllt ein Zick-Zackband in Schwarz, die Zwickel, die sich daraus ergeben sind blau und weiß angelegt.
Die Schale ist ein Beispiel für die nach ihrem Fundort benannte Gruppe der „Sultanabad-Keramik". Form und Dekor sind vergleichsweise plump und lassen auf eine Datierung in das 14. Jh. schließen. G.Reitlinger verweist auf die Häufigkeit dieses Dekortypus und stellt Beziehungen her zu Fliesendekoren im Grab der Shirin Bika Aka in Samarkand, die 1371 datiert werden.

Vgl.: Grube (1976), Nr. 203; Reitlinger (1944), S. 32 f, Abb14 a

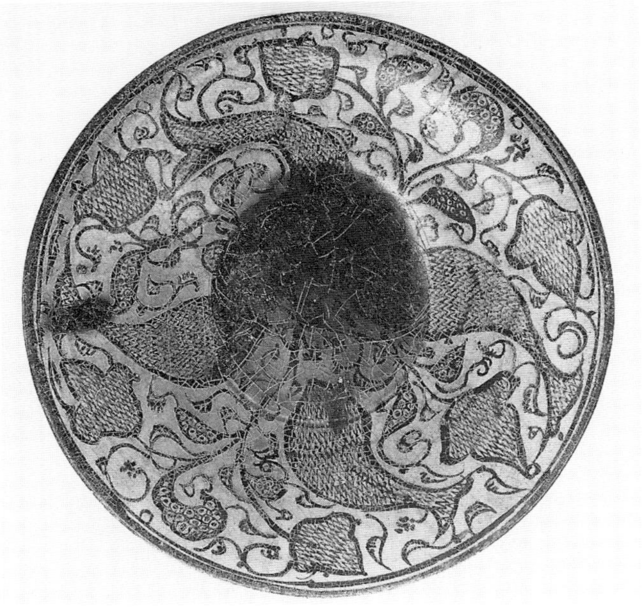

71 TIEFER TELLER 15307

Iran, um 1300
H 6,5 – 7,9 cm, Dm 34,3 cm, Dm Standring 13,3 cm
Erworben 1990

Mittelfeiner, weißer Scherben. Transparente, türkisfarbene Glasur, innen und außen, fein gesprüngelt, in der Schalenmitte zu einem See zusammengelaufen. Bemalung in Schwarz, einige kobaltblaue Flecken. Aus mehreren Bruchstücken zusammengesetzt.
Tiefer Teller auf Fußring mit deutlich abgesetztem Spiegel, gerader, schräg ansteigender Wandung und abgesetztem, flachem Rand.
Vom Mittelpunkt des Tellers ausgehend sind vier große, geschwungene Blätter kreuzweise in der Wandung angeordnet. Am oberen Ende laufen die Blätter in eine geteilte Spitze aus, wodurch sie Ähnlichkeit mit einem Fisch bekommen. In den Zwischenräumen zwischen den Blättern sind Wellenranken eingefügt, die ebenfalls ihren Ursprung im Mittelpunkt des Tellers haben und mit unterschiedlichen Blättern und Blüten besetzt sind. Blätter und Blüten sind mit unterschiedlichen Binnenzeichnungen gefüllt: Zick-Zack Linien und Kreis-Punkt Motive. Um den oberen Innenrand verlaufen zwei schmale Streifen. Die Außenseite ist im unteren Drittel undekoriert, der obere Abschnitt zeigt eine von Doppelstreifen gerahmte, umlaufende Spiralranke.
Unter technischen Gesichtspunkten betrachtet ist der Teller keine Meisterleistung. Die stark viskose Glasur ist beim Brand in der Tellermitte zusammengelaufen. Da der Teller im Ofen jedoch offensichtlich schräg stand, hat die Glasur sich vorwiegend auf einer Seite gesammelt. Außerdem ist eine Seite der Wandung, wohl auch während des Brennens, abgesackt.
Der hier verwirklichte Dekor ist charakteristisch für eine Gruppe der sogenannten „Sultanabad-Keramik". Kennzeichnendes Merkmal ist das Ausfüllen der Blattformen mit unterschiedlichen, kleinteiligen Mustern. Der dadurch entstehende Gesamteindruck erinnert stark an gleichzeitige Stuckdekore, etwa im Imamzade Yahya in Veramin von 1307. Dort finden sich ganz ähnliche, kleingemustert gefüllte Blatt- und Blütenformen. Diese eigentümliche Art, die geschwungenen Blätter mit kleinteiligen Mustern zu füllen, findet sich in vergleichbarer Weise außerdem auf einigen Keramikschalen, die den Werkstätten von Kaschan zugeschrieben und in das frühe 13. Jahrhundert datiert werden. Sie sind in Schwarz und Kobaltblau auf weißem Grund bemalt und weisen im übrigen Dekorelemente auf, die im Repertoire der „Waterweed"-Dekore verbreitet sind.

Vgl.: Hamburg (1993), S. 98, Nr. 58; Jenkins (1983), S. 22, Nr. 23; Oxford (1981), S. 112, Nr. 314

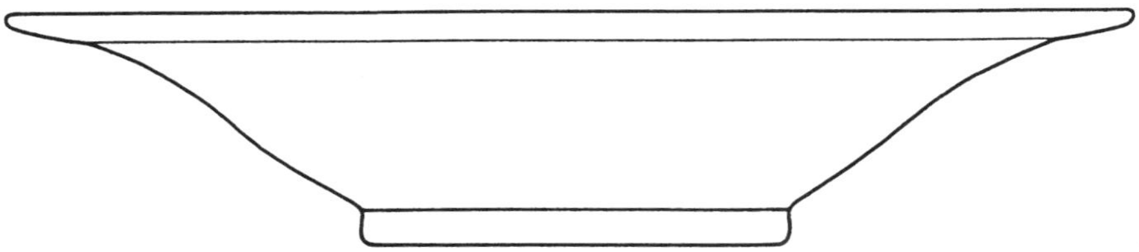

72 VASE (o. Abb.) 15310

Iran, um 1300
H 17,3 cm, Dm 18 cm, Dm Mündung 8,7 cm, Dm Standring 7 cm
Erworben 1991

Mittelfeiner, heller Scherben. Transparente, türkisfarbene Glasur, innen und außen, fein gesprüngelt. Bemalung in Schwarz. Aus wenigen Bruchstücken zusammengesetzt, am Hals eine Ergänzung.
Auf niedrigem Fußring bauchige Vase mit nicht abgesetzter Schulter, die weich übergeht in den nach oben hin sich verjüngenden, engen Hals mit leicht ausgestellter Lippe.
Der Gefäßkörper ist durch umlaufende Streifen in zwei unterschiedlich breite Zonen unterteilt. Ein schmaler Streifen oberhalb des Fusses bleibt unbemalt, darüber schließt ein schmales Band an, das nach links schwimmende, stilisierte Fische zeigt. Das breite Feld darüber ist durch senkrechte Striche unterteilt. Die dadurch entstehenden Felder sind abwechselnd gefüllt mit einem feinen Zackenmuster, das das gesamte Feld füllt sowie mit einer senkrecht verlaufenden Pseudo-Schriftzeile, die einen Naskhi-Duktus imitiert. Diese Felder mit der Pseudo-Schriftzeile sind durch das Einfügen von seitlichen Zwickeln am oberen und am unteren Abschluß als Kartuschen gestaltet. Die Zwickel füllt jeweils ein Kreis-Punkt Muster.

Vgl.: Lane (1947), Abb. 92 a

73 KRUG 12690

Iran,13. Jh.
H 21,5 cm, Dm 17,4 cm, Dm Mündung 11,1 cm,
Dm Standring 10,6 cm
Erworben 1958

Mittelfeiner, heller Scherben. Opake, türkisfarbene Glasur, zum Teil stark irisiert, nach innen abtropfend. Reliefdekor.
Krug auf mittelhohem Fußring; die Wandung geht vom Fußring ohne ausgearbeiteten Absatz weich in die bauchig geschwungene Wandung über. Die Schulter ist flach und vom Gefäßkörper abgesetzt. Darauf aufsetzend der zylindrische, schlanke Hals. Der gerade, rechtwinklig abknickende Henkel setzt auf der Schulter und am Hals an, ein kleiner Knopf deutet eine Daumenruhe an.

Der Dekor des Kruges ist in Relief gearbeitet und durch die dick aufgetragene Glasur hindurch nur stellenweise zu erkennen. Den Gefäßkörper und den Hals überziehen zwei unterschiedliche geometrische Flechtbandmuster. Dieselben Muster, in Relief gearbeitet und zusätzlich in Lüster gemalt, finden sich auf einem Krug in der Sammlung J.O.Matossian, der auch dieselben Masse aufweist, wie das Frankfurter Stück. Weitere Beispiele für diesen Dekortypus finden sich bei Stücken der Gulbenkian Sammlung, sowie des Islamischen Museums in Berlin (Inventar-Nr. J 3837).

Lit.: Frankfurt (1974), S. 62, Nr. 156, Abb. 77
Vgl.: Bahrami (1949), Abb. LXV und XLIV; SPA, Bd. 10, S. 717, Abb. b

74 KRUG 15308

Iran, 13. Jh.
H 22 cm, Dm 14,8 cm, Dm Mündung 5,5 cm, Dm Standring 7,9 cm
Erworben 1991

Feiner, weißer Scherben. Transparente, türkisfarbene Glasur, nach dem Inneren hin abtropfend, fein gesprüngelt, stark irisiert.
Auf niedrigem Fußring Kanne mit birnenförmigem, facettierten Gefäßkörper. Der schlanke hohe Hals ist durch ein umlaufendes Wulstprofil vom Gefäßkörper abgesetzt und ebenfalls facettiert gearbeitet. Der gerade und rechtwinklig gebogene Henkel setzt auf dem Gefäßkörper und am Hals an.
Der Krug wirkt lediglich durch die Form, auf einen zusätzlichen Dekor durch Bemalung wurde verzichtet. Ein Krug von übereinstimmender Form und Größe, aber in Gold auf kobaltblauem Grund bemalt, ist bei G.Fehervari abgebildet.

Vgl.: Fehervari (1973), S. 104, Nr. 132, Abb. 57 a

75 SCHALE 10453

Iran, 14. Jh.
H 10,4 cm, Dm 18,5 cm, Dm Standring 7 cm
Erworben 1944

Mittelfeiner, heller Scherben. Transparente, farblose Glasur, grünlich schimmernd, innen und außen, fein gesprüngelt. Bemalung in Kobaltblau und Schwarz, zum Teil in die Glasur angeschwommen. Eine Ergänzung am Rand.
Auf niedrigem, gespreiztem Fußring Schale mit schräg aufsteigender, gerader Wandung, im oberen Drittel über kleinem Absatz eingezogen.
Das kreisrunde Feld in der Schalenmitte ist von einem schwarzen Doppelstrich gerahmt und mit einer blauen, schwarz konturierten Rosette gefüllt. In den breiten umlaufenden Streifen sind vier ovale Knospen- oder Blütenformen gesetzt, die durch Wellenranken untereinander verbunden sind. Die Ranken sind außerdem mit kommaförmigen Blättchen besetzt. Darüber schließt ein schmales Zick-Zack-Band an, das von feinen schwarzen Strichen gerahmt wird. Den optischen Abschluß zum oberen Rand hin bildet ein umlaufender blauer Streifen. Die äußere Wandung zeigt im unteren Bereich, bis zu dem Punkt, an dem die Wandung eingezogen ist, abwechselnd blaue und schwarze vertikale Doppelstriche. Darüber schließt ein schmaler Streifen an, in dem senkrechte Strichpaare und ein längliches Oval abwechseln, von einer feinen schwarzen Linie gerahmt.

76 SCHALE

12952

Iran, 15. Jh.
H 15,7 cm, Dm 33,2 cm, Dm Standring 11,6 cm
Erworben 1959

Feiner, heller Scherben. Weißer Anguß, transparente, farblose Glasur, allseitig deckend, auch im Standring, fein gesprüngelt. Bemalung in Kobaltblau. In der Schalenmitte Abdrücke von drei Brennhilfen.
Tiefe Schale mit bauchig geschwungener Wandung auf niedrigem Fußring. Der flache Rand ist T-profilartig ausgearbeitet.
Die Innenfläche ist durch zwei konzentrische Kreise gegliedert. Im kreisrunden Mittelfeld sind zwei an Pfirsische erinnernde Früchte dargestellt, außerdem Zweige beziehungsweise Ranken. Ein breiter Streifen in der Wandung zeigt vier kreuzförmig angeordnete, große Blüten, die durch Wellenranken untereinander verbunden sind. Zwischen die Blüten ist jeweils ein sechszipfeliges Motiv gesetzt, außerdem zweigen spitze, spiralig gewundene Blätter von der Wellenranke ab. Durch einen feinen Doppelstreifen getrennt schließt darüber ein Muster an, das aus dem Formenschatz chinesischen Blau-Weiß Porzellans abgeleitet ist und dort schäumende Wellen darstellt. Dasselbe Muster findet sich nochmals auf dem flachen Rand der Schale. Die äußere Wandung zeigt abermals eine Wellenranke, allerdings in flüchtigerer Zeichnung. Anstelle von Blüten sind einfache gefüllte Kreisformen dargestellt und auch die Blätter sind weniger detailliert gezeichnet. Ein schmales , mit einem Mäander gefülltes Band schließt den Dekor zum Rand hin ab.
Die Form der tiefen bauchigen Schale orientiert sich an chinesischen Porzellanvorbildern, der T-profilartige Randabschluß hingegen ist auf persische Traditionen des 14. Jahrhunderts zurückzuführen. Auch der Dekor folgt chinesischen Vorbildern des frühen 15. Jahrhunderts. In der Ardebil Sammlung befinden sich Beispiele, die sowohl in der Gliederung als auch in der Wahl der Einzelmotive ganz ähnliche Dekore zeigen: Ein Mittelfeld mit Früchten – Pfirsische, Melonen oder Lychees – umgeben von einer Wellenranke, auf dem Rand das Wasser-Wellenmotiv. Ein Vergleich zeigt allerdings, daß die persische Version des Typus die Einzelmotive vereinfacht beziehungsweise schematisiert wiedergibt. Besonders deutlich wird dies auf der äußeren Wandung, auf der eine mit Blättern und Früchten oder Blüten besetzte Wellenranke nur in groben Zügen dargestellt ist. Ebenfalls aus dem Repertoire der chinesischen Porzellane stammt das Mäanderband, das am äußeren Rand der Schale umläuft.

Lit.: Frankfurt (1974), S. 62, Nr. 158, Abb. 94
Vgl.: Lane (1957), Abb. 19; Pope (1956), Abb. 40, Nr. 2961 und 2962

77 KLEINE SCHALE 13511

Iran, 15. Jh.
H 5,4 cm, Dm 9,5 cm, Dm Standring 3,7 cm
Erworben 1973

Feiner, weißer Scherben. Transparente, farblose Glasur, allseitig deckend, auch im Fußring stellenweise irisiert beziehungsweise abgerieben. Bemalung in Kobaltblau und Schwarz. Eine geringfügige Ergänzung.
Kleines, tiefes Schälchen auf niedrigem Fußring mit deutlich abgesetztem Spiegel, gerader Wandung und ausgestelltem Rand.
Den Spiegel rahmt ein dünner blauer Streifen. In diesem Mittelfeld sind drei Phantasieblüten und zwei lanzettförmige Blätter achsensymmetrisch angeordnet. Die Wandung ist weiß belassen. Den Abschluß zum oberen Rand markiert ein schmaler Streifen, der weiße Zick-Zack Streifen vor blauem Grund zeigt. Um den Rand zieht sich ein feiner Streifen in Schwarz. Auf der äußeren Wandung sind in regelmäßigen Abständen vier kreisrunde Medaillons mit gelappten Konturen angeordnet, die mit einem Schuppenmuster gefüllt sind. Zwischen den Medaillons sind je zwei mißverstandene Wolkenbänder eingefügt. Im Standring ist eine quadratische Marke in Schwarz angebracht. J.Soustiel bildet ein Fragment ab, das eine vergleichbare Marke aufweist und auch in der Qualität der Glasur Übereinstimmungen mit dem Frankfurter Schälchen zeigt. Er datiert das Stück in das 16. Jahrhundert und lokalisiert es nach Yazd oder Meschhed.

Lit.: Frankfurt (1974), S. 62, Nr. 157
Vgl.: Soustiel (1985), S. 377, Nr. 73; Watson(1988), S. 173, C 39

78 TELLER 12949

Nordwest-Iran, 16. Jh.
H 5,9 cm, Dm 33,9 cm, Dm Standring 18,7 cm
Erworben 1959

Mittelfeiner, weißer Scherben. Transparente, farblose Glasur, bläulich schimmernd, allseitig deckend, auch im Fußring, weitmaschig gesprüngelt, Bemalung in Kobaltblau. Im Fußring drei Reste von Brennhilfen.
Tiefer Teller auf niedrigem Fußring mit bauchig gewölbter Wandung und abgesetztem, gelappten Rand. Die Bögen des Randes sind unterschiedlich lang.
Das kreisrunde Feld im Spiegel unterteilen vier kreuzförmig angeordnete, weiße Bänder mit geschweiften Umrissen vor blauem Grund. In den Kreuzarmen und in der Mitte ist je ein fliegender Kranich dargestellt, den Hintergrund bilden Zweige und Blätter. In die Zwickel zwischen den Kreuzarmen ist je eine Lotusblüte, gerahmt von Rosettblütenranken eingestellt. Die Lotusblüte ist wie der Ausschnitt aus einem Muster nur zur Hälfte wiedergegeben. Die Wandung des Tellers ist weiß belassen. Der Rand zeigt ein Muster von versetzt zueinander angeordneten Dreiecken in Blau, gefüllt mit Blütenzweigen in Reserve. Auf der äußeren Wandung sind im Bereich der Wandung Wellenranken mit kreisrunden Früchten oder Blüten und dreispitzigen Blättern dargestellt.
Die Vorlage für den Dekor mit fliegenden Kranichen bildet chinesisches Porzellan der Jiajing-Zeit (1522-1566). Hier wie dort sind die Vögel mit nach hinten gereckten Beinen, oben und unten sichtbaren Flügeln, büschelartigen Schwanzfedern und geöffnetem Schnabel gezeichnet. Anders als bei dem chinesischen Vorbild sind hier allerdings Zweige als Hintergrundmotiv gewählt. Die Komposition des Dekores in kreuzförmigen Bändern und mit den ausschnittsweise wiedergegebenen Lotusblüten ist hingegen rein islamisch.

Lit.: Frankfurt (1974), S. 63, Nr. 159, Abb. 87

79 TELLER 14088

Nordwest-Iran, 16. Jh.
H 5,4 cm, Dm 33,1 cm, Dm Standring 18,3 cm
Erworben 1980

Mittelfeiner, heller Scherben. Transparente, farblose Glasur, allseitig deckend, auch im Fußring, weitmaschig gesprüngelt, Bemalung in Kobaltblau. Im Fußring drei Reste von Brennhilfen.
Tiefer Teller auf niedrigem Fußring mit bauchig gewölbter Wandung und abgesetztem, achtfach gelapptem Rand.
Das kreisförmige Feld im Spiegel zeigt zwei Zypressen in Reserve-Darstellung vor blauem Grund. Die Bäume werden gerahmt von je zwei Lotusblüten an Ranken. Unter den Zypressen ist ein bogenförmiger Teich angedeutet, mit zwei in Reserve gezeichneten Fischen. Die Wandung ist weiß belassen. Auf dem Rand sind schräge, versetzt gereihte Spitzovale in weiß gezeichnet. Auf der äußeren Wandung sind im Bereich der Wandung fünfmal je zwei Granatäpfel dargestellt, gerahmt von je zwei Blättern.
Form und Dekor des Tellers kombinieren chinesische und traditionell islamische Elemente. Die Form des tiefen, bauchigen Tellers mit dem geschweiften Rand sowie die Farbstellung sind den chinesischen Blau-Weiß Porzellanen nachempfunden. Im Dekor ist hingegen ein Motiv aufgegriffen, das bereits in der seldschukischen Keramik, insbesondere der Minai-Keramik, sehr beliebt war. Gemeint ist die Darstellung eines zentralen Baumes oder Baumpaares, unter dem ein Fischteich zu sehen ist.

Vgl.: Hannover (1991), S. 36, Nr. 36

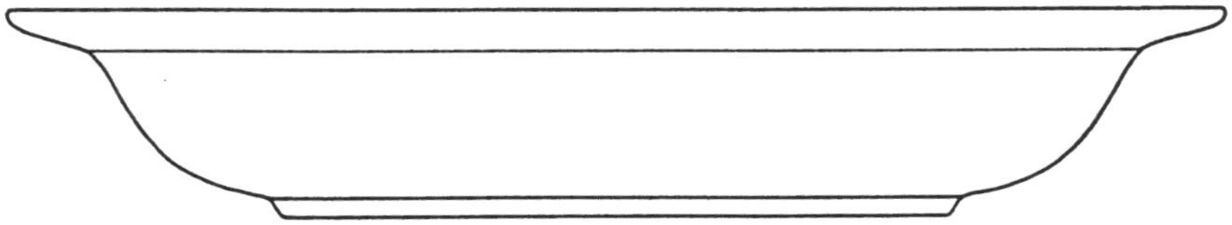

80 TELLER 12950

Nordwest-Iran, 16. Jh.
H 6,7 cm, Dm 35,1 cm, Dm Standring 15,2 cm
Erworben 1959

Feiner, weißer Scherben. Transparente, farblose Glasur, innen und außen deckend, weitmaschig gesprüngelt. Bemalung in Schwarz und Kobaltblau, Reliefdekor.
Tiefer Teller auf niedrigem, innen ausgeschnittenem Fußring mit deutlich abgesetztem Spiegel, bauchig gewölbter Wandung und abgesetztem, schrägen Rand.
Der Spiegel wird von einer Doppellinie gerahmt und zeigt eine große Lotusblüte in Relief. Die Umrisse des Reliefdekors sind zusätzlich mit feinen schwarzen Linien nachgezeichnet. Wandung und Rand überzieht eine Wellenranke in Kobaltblau. Auf der Ranke sitzen in regelmäßigen Abständen sechs Chrysanthemenblüten, außerdem zwei Typen von Blättern: spitze sechszipfelige Lotusblätter und kleine, kommaförmige Blättchen in Schwarz. Das Blau der Blüten ist teilweise in die Glasur abgeschwommen. Auf der Außenseite sind in breiten Abständen radiale Doppelstriche angeordnet.
Der Dekor des Tellers orientiert sich an chinesischen Vorbildern. In China wurde die Kombination von Blau-Weiß Dekor und Reliefprägung im 15. Jahrhundert praktiziert. Die zusätzliche Rahmung des reliefierten Dekors mit einer feinen schwarzen Linie ist hingegen eine Eigenschöpfung des persischen Töpfers.

Lit.: Düsseldorf (1973), S. 250, Nr. 367

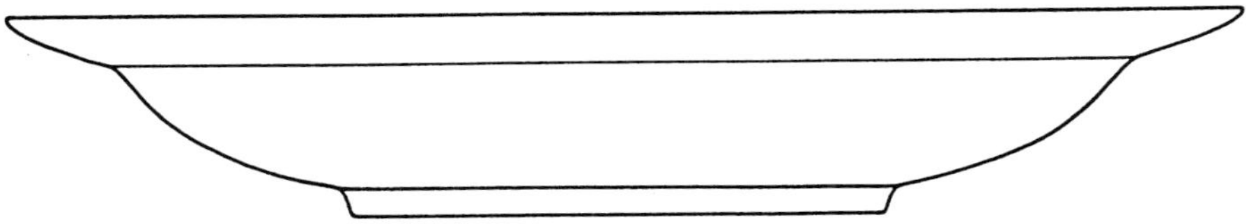

81 TELLER 13129

Nordwest-Iran, um 1600
H 5,8 cm, Dm 26,2 cm, Dm Standring 8,3 cm
Erworben 1962

Feiner, bräunlichweißer Scherben. Weißer Anguß, transparente, farblose Glasur, weitmaschig gesprüngelt, innen und außen deckend. Bemalung in Grün, Ockergelb, Braunrot, Blau und Schwarz.
Auf engem, niedrigen Fußring flacher, randloser Teller mit bauchig geschwungener Wandung.
Ein breiter blauer Streifen und ein schwarzer Doppelstreifen rahmt das kreisrunde Mittelfeld. In dem Feld sind, von angedeutetem Boden ausgehend drei Blütenstauden mit Lotusblüten und Lanzettblättern gezeichnet. Die Wandung zeigt drei schuppenartig gemusterte Blüten oder Früchte. In die Zwischenräume sind je zwei Rosettblüten eingestellt, gerahmt von Lanzettblättern. Zwischen den Rosettblüten je ein weiterer Zweig.
Der Teller gehört zur Gruppe der polychrom bemalten Kubatschi-Keramiken. Kennzeichnend ist der reliefartige Auftrag der roten und gelben Malfarbe, der an die Handhabung des Bolus-Rot bei den türkischen Keramiken des 16. Jahrhunderts erinnert. Auch der überwiegend florale Dekor aus Phantasieblüten sowie einzelne Motive wie beispielsweise die geschuppten Blüten, deuten auf eine Beziehung zur türkischen Keramik von Iznik.

Lit.: Frankfurt (1974), S. 64, Nr. 164, Abb. 88

82 TELLER V 447

Nordwest-Iran, 17. Jh.
H 8 cm, Dm 35,2 cm, Dm Standring 11,4 cm
Erworben 1990

Feiner, heller Scherben. Transparente, farblose Glasur, weitmaschig gesprüngelt, allseitig deckend, Bemalung in zwei Tönen Kobaltblau. Aus mehreren Bruchstücken zusammengesetzt, geringfügige Ergänzungen. Im Spiegel drei Brandstützennarben.
Auf niedrigem Fußring tiefer Teller mit bauchig geschwungener Wandung und schrägem, gelappten Rand.
Ein kreisrundes Feld im Spiegel des Tellers zeigt eine symmetrisch angeordnete Landschaft. Eine Dattelpalme mit seitlich herabhängenden Fruchtständen bildet die Mittelachse der Darstellung. Rechts und links der Palme sind je eine Blume und anschließend ein Laubbaum angeordnet. Zu Füßen der Bäume sind Gras und Felsen angedeutet. Die Wandung des Tellers ist weiß belassen und facettiert. Auf dem breiten Rand sind gepunktete Spiralmuster im Wechsel mit einem Zweig gereiht. Auf der Außenseite sind zwischen rahmenden Streifen flüchtig gezeichnete, langgezogene Spiralmuster angeordnet.

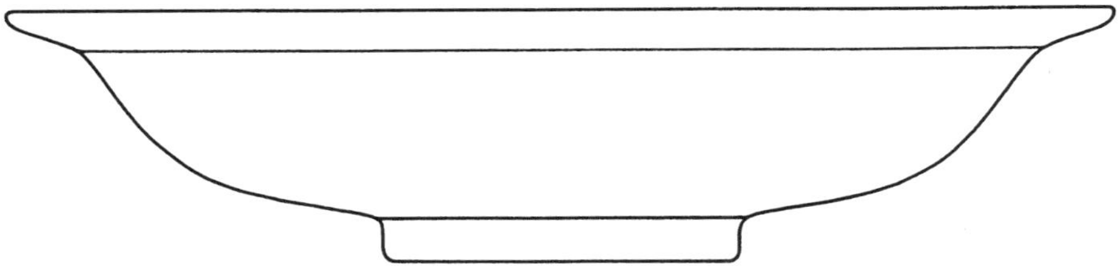

83 TELLER 15936

Nordwest-Iran, 17. Jh.
H 6 cm, Dm 28,2 cm, Dm Standring 8,7 cm
Erworben 1995

Mittelfeiner, gräulichweißer Scherben. Transparente, farblose Glasur, allseitig deckend, weitmaschig gesprüngelt. Bemalung in zwei Tönen Kobaltblau.
Auf niedrigem Fußring tiefer Teller mit bauchig geschwungener Wandung und abgesetztem, breiten Rand.
Ein kreisrundes Feld im Boden des Tellers zeigt einen stehenden Reiher nach rechts. Kreisförmig um den Vogel angeordnete, summarisch wiedergegebene Pflanzenformen deuten eine Landschaft an. In der Wandung sind im Wechsel je zwei Rosettblüten und eine Raute mit fliegenden Bändern angeordnet. Die äußere Wandung ist bis auf zwei schmale Streifen oberhalb des Fußes und am Rand undekoriert.

Vgl.: Kuwait (1990), S. 120, Nr. 88

84 TELLER 15937

Nordwest-Iran, 17. Jh.
H 6,3 cm, Dm 31,3 cm, Dm Standring 15,7 cm
Erworben 1995

Mittelfeiner, gräulichweißer Scherben. Transparente, farblose Glasur, allseitig deckend, weitmaschig gesprüngelt. Bemalung in zwei Tönen Kobaltblau. Der Teller ist stark unter der Glasur verschmutzt.
Auf niedrigem Fußring tiefer Teller mit bauchig geschwungener Wandung und abgesetztem, breiten Rand.
Der Dekor des Tellers ist strahlenförmig um einen Mittelpunkt angeordnet. An die Spitzen eines zentralen Dreiecks setzen drei Dreipässe an. In die verbleibenden Zwischenräumen ist je eine von Blättern umgebene, runde Frucht eingestellt. Ein runder, stilisierter Flammenkranz rahmt das Mittelfeld. Die Wandung ist weiß belassen. Auf dem Rand sind im Wechsel bebänderte Dreiecke und von Blättern umgebene, runde Früchte gereiht. Auf der äußeren Wandung wechseln je ein fliegender Vogel und eine Blüte.

85 TELLER

Stadt 217

Nordwest-Iran,17. Jh.
H 6,7 cm, Dm 33,2 cm, Dm Standring 13,8 cm
Erworben 1905

Mittelfeiner, hellbräunlicher Scherben. Weißer Anguß, transparente, türkisfarbene Glasur, innen und außen, weitmaschig gesprüngelt, Bemalung in Schwarz.
Tiefer Teller auf niedrigem, innen abgesetztem Fußring mit leicht bauchig geschwungener Wandung und abgesetztem schrägen Rand. Das kreisförmige Mittelfeld ist von einem Doppelstreifen gerahmt und zeigt fein gezeichnete Blüten auf geschwungenen Stielen. Die Stengel der Blüten entwachsen einem gemeinsamen Punkt am Rand des rahmenden Streifens, der andeutungsweise als grasiger Boden charakterisiert ist. Die Blütenstiele sind symmetrisch um eine imaginäre Mittelachse herum angeordnet. Über die Stiele der beiden mittleren Blüten verlaufen in halber Höhe zwei wellenförmige Querstriche. Den verbleibenden Rand füllt ein locker gezeichnetes Rautenmuster. Die äußere Wandung zeigt zwei umlaufende Linien, oberhalb des Fußes und unterhalb des Randes.
Der Dekor des Tellers zeigt die Weiterentwicklung von Motiven, die ursprünglich aus dem Repertoire chinesischen Blau-Weiß Porzellans des 14. und 15. Jahrhunderts stammten. Die Komposition im Mittelfeld erinnert an Darstellungen des Lotusbouquets, die Querstriche in der Mitte der Stiele sind eine Reminiszenz an die wehenden Bänder, die das Bouquet zusammenhalten. Und auch das Rautenmuster des Randes entstammt derselben Quelle. Es ist die Vereinfachung des mit Punkten gefüllten Rautenmusters, das auf Porzellanen des 16. Jahrhunderts als Randmuster beliebt war.
Der Teller gehört zur Gruppe der nach ihrem Fundort benannten Kubatschi-Keramiken. Diese lassen sich anhand ihrer Dekore und Formen in drei Gruppen aufteilen. Charakteristisch für die dritte Gruppe sind polychrome Dekore oder eine Bemalung in Schwarz unter türkisfarbener Glasur. Die typische Form ist der Teller mit engem Fußring und breitem Rand, eine Tellerform, die sich von chinesischen Porzellanen der Wan-Li Ära ableiten läßt (1573-1619). Die Dekore der schwarz-türkis dekorierten Ware zeigen hingegen nur stark abgewandelte Dekore chinesischen Ursprungs.

Vgl.: Kuwait (1990), S. 120, Nr. 89

86 TELLER 10545

Iran, Meschhed, Anfang 17. Jh.
H 7,6 cm, Dm 40,2 cm, Dm Standring 18,8 cm
Erworben 1943

Feiner, weißer Scherben. Transparente, farblose Glasur, allseitig deckend, auch im Fußring, Bemalung in Kobaltblau und Schwarz, Am Fußring Bruchstelle, Zwei Fehlstellen am Rand durch Silbermontierung ausgebessert.
Tiefer Teller auf niedrigem Fußring mit bauchig gewölbter Wandung und abgesetztem, schrägen Rand.
Das kreisrunde Feld im Spiegel zeigt eine mit Figuren belebte Landschaft. Im Vordergrund links schreitet eine Figur mit kniekurzem, gewickeltem Gewand, flacher runder Kappe und Schirm. Rechts ist in stark verkürzter Vorderansicht ein Rind gezeichnet, das von einem Jungen geritten wird. Stark verfremdete Einzelelemente wie Pflanzen, Wolken und Wasser bilden als phantastisch anmutende Landschaft den Hintergrund der Szene. Das Bildfeld umschließt ein achtpaßförmiger Rahmen mit ornamentalen Wellenranken in Reserve. Die Wandung des Tellers ist weiß belassen. Auf dem Rand sind abermals Landschaftselemente dargestellt: fliegende Vögeln, Felsen und Blütenstauden. Der Dekor der äußeren Wandung ist in zwei Zonen aufgeteilt. Auf der Wandung sind vier einzelne Blütenzweige mit einer mittleren Lotusblüte und Blättern dargestellt. Auf dem Rand sind versetzt dazu vier kleinere Blütenzweige mit Rosettblüten angeordnet.
Der Dekor des Tellers orientiert sich an Blau-Weiß Porzellanen der Wan-Li Epoche (1573-1619), ist aber im Gegensatz zu seinen chinesischen Vorbildern unter Zuhilfenahme feiner schwarzer Konturlinien gezeichnet. Der achtpaßförmge Rahmen des Bildfeldes mit den verzeichneten ruyi-Zeptern in den Spitzen ist ein charakteristisches Merkmal einer Gruppe von Exportporzellanen, dem sogenannten Kraak-Porzellan. Ungewöhnlich ist die Kombination dieses Dekor-Schemas mit der weiß belassenen Wandung. Dies zeigt deutlich das eklektische Vorgehen des persischen Künstlers. Ein ähnliches Unverständnis den chinesischen Vorlagen gegenüber zeigt die Wiedergabe der Landschaft: aus Wolken sind grasbewachsene Berge geworden und auch die knorrigen Baumstämme sind kaum wiederzuerkennen.

Vgl.: Crowe (1980), S. 21, Abb. 11

87 TELLER (Farbabb. s. S. 156) V 1

Iran, Meschhed, um 1600
H 9 cm, Dm 45 cm, Dm Standring
Erworben 1920

Feiner, weißer Scherben. Transparente, farblose Glasur, allseitig deckend, auch im Fußring, Bemalung in Kobaltblau und Schwarz. Tiefer Teller auf niedrigem Fußring mit bauchig geschwungener Wandung und breitem schrägen Rand.
Das kreisrunde Mittelfeld zeigt einen hockenden Tiger, der auf einem Felsen sitzt und dem Betrachter das Gesicht zuwendet. Um den Tiger herum sind kreisförmig Lotusblüten angeordnet, begleitet von breiten gezahnten Blättern und flammenartig züngelnden Formen. Der gesamte Dekor des Mittelfeldes ist in Reserve und mit feiner schwarzer Umrißlinie gezeichnet. Ein schmaler, mit einer Wellenranke gefüllter Streifen rahmt das Mittelfeld. In der Wandung läuft eine Wellenranke um, die in regelmäßigen Abständen mit Lotusblüten und -blättern besetzt ist. Die Lotusblätter zeigen die Tendenz, in flammenartige Zungen auszulaufen. Der Rand trägt Arabeskranken, auf die in regelmäßigen Abständen Rosettblüten gesetzt sind. Die äußere Wandung ist in zwei Zonen unterteilt, die Wandung und Rand des Tellers entsprechen. Diese sind gefüllt mit locker gezeichneten Päonienranken beziehungsweise mit kleinen Blattranken. In der Mitte des Bodens ist in Schwarz eine Strich-Marke angebracht, die chinesische Marken imitiert.
Der Teller ist von außerordentlicher technischer und künstlerischer Qualität. Der Dekor orientiert sich an chinesischen Porzellanen des frühen 15. Jahrhunderts, wie sie auch in der Ardebil-Sammlung erhalten sind. Kennzeichnend ist das in Reserve-Technik dargestellte Mittelfeld sowie die Gliederung des Dekors in drei Zonen, die dem Aufbau des Tellers entsprechen. Auch die Wellenranke in der Wandung hält sich eng an die chinesischen Vorbilder. Im Gegensatz dazu zeigt die etwas unbeholfen wirkende Komposition des Mittelfeldes mit den kreisförmig angeordneten Blüten bereits eine eigenständige Interpretation des traditionellen Vorbildes. Von besonderer Bedeutung ist in diesem Zusammenhang die Verwendung der schwarzen Umrißlinie, die fein gestrichelt bis breit und markant gezeichnet erscheint und dem Dekor Schwung verleiht.
Einen entsprechenden Chinoiserie-Stil überliefern gleichzeitige Vorlagezeichnungen, die ähnlich fedrig gezeichnete Blattformen und Fabelwesen zeigen, in Schwarz auf kobaltblauem Grund.

Lit.: Düsseldorf (1973), S. 246, Nr. 363; E.I.(1978), Art.Khazaf, Abb. XLVIII; Frankfurt (1927), S. 73; Frankfurt (1987), S. 166-67; Rogers (1983), S. 134, Abb. 17

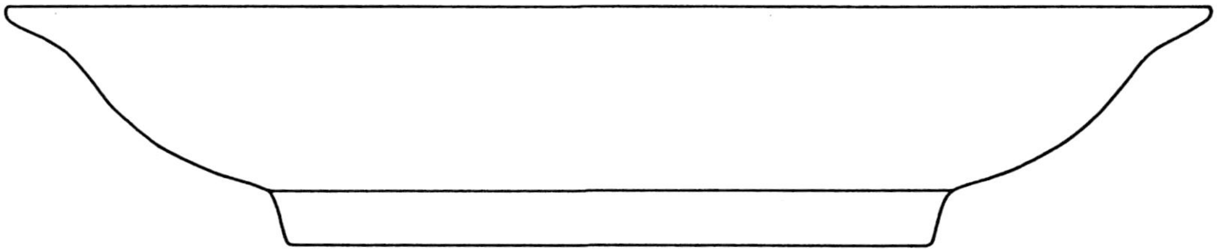

88 KENDI (Farbabb. s. S. 157) 15549

Iran, Meschhed, 17. Jh.
H 19,5 cm, L 24,8 cm
Erworben 1992

Feiner, weißer Scherben. Transparente, farblose Glasur, weitmaschig gesprüngelt, Bemalung in Kobaltblau mit schwarzer Konturzeichnung, teilweise in die Glasur abgeschwommen. Hals weggebrochen und durch eine manschettenförmige Messingmontierung ersetzt.
Bei dem Trinkgefäß in Form eines Elefanten bildet der Gefäßkörper den Rumpf des Tieres, Kopf und Rüssel dienen als Ausguß. Auf dem Rücken des Tieres befand sich ursprünglich ein langer, schlanker Hals, der zum Füllen des Gefäßes und als Handhabe diente. Die Bruchstelle ist nachträglich mit einer Messingmontierung gefaßt.
Der in Blau und Schwarz gezeichnete Dekor ahmt prunkvolles Sattel- und Zaumzeug nach: Die fransenbesetzte, kleinteilig gemusterte Decke hängt auf beiden Seiten bis auf den Boden herab. Auf dem Rücken liegt eine Schabracke mit lotusblattförmig geschweiften Säumen und einem Dekor von fliegenden Kranichen. Außerdem zieren lang herabhängende Troddeln Brust und Hinterteil des Elefanten. Auf der Stirn trägt er eine querrechteckige Kartusche mit einer Inschrift (Transskr. u. Übers. s. Anhang). Unterhalb des Rüssels sind zwei Bruchstellen zu erkennen. Der Vergleich mit verwandten Stücken zeigt, daß an dieser Stelle eine Lasche weggebrochen ist.
Form und Dekor des Elefanten beziehen sich auf chinesische Vorbilder. Entsprechende Trinkgefäße in Tierform kennt man in China seit dem 16. Jahrhundert. Sie waren beliebte Exportartikel für den südostasiatischen, europäischen und orientalischen Markt. Allein in den Beständen des Topkapi-Serails in Istanbul befinden sich zehn chinesische Trinkgefäße in Elefantenform. Aber auch niederländische Gemälde des 17. Jahrhunderts zeigen Abbildungen solcher Elefanten.
Während der Dekor des persischen Elefanten sich sehr eng an das chinesische Vorbild hält, ist die Form des Tieres vergleichsweise plumper ausgefallen. Bei dem chinesischen Prototypen dienen die Stoßzähne als Ausguß, während der Rüssel in zwei Schleifen vor der Brust herabhängt. Der persische Handwerker hat diese komplizierte Lösung vermieden, indem er den Rüssel schnauzenartig verkürzt und als Ausguß gearbeitet hat. Als eine Reminiszenz an den vor der Brust aufgerollten Rüssel des chinesischen Vorbildes hat er die inzwischen weggebrochene Lasche angebracht, der im übrigen keine erkennbare Funktion zukommt.

Lit.: Städel (1993), S. 352-353
Vgl.: Allen (1991), S. 55, Nr. 32; Soustiel (1985), S. 303, Nr. 328

89 TELLER

H.St.23

Iran, Yazd, 17. Jh.
H 3,4 cm, Dm 16,8 cm, D, Standring 8,3 cm
Erworben 1969

Feiner, weißer Scherben. Transparente, farblose Glasur, allseitig deckend, Bemalung in dunklem Kobaltblau und Schwarz. Aus zwei Bruchstücken zusammengesetzt. Im Fußring Reste von Brennhilfen.
Flacher Teller auf niedrigem Fußring mit leicht bauchig geschwungener Wandung und ohne Rand.
Die gesamte Innenfläche des Tellers füllt eine Landschaftsdarstellung. Mittelpunkt der Szene ist eine sitzende Figur, die musiziert und Wein trinkt. Rechts und links des Musizierenden sind Bäume dargestellt, zu seinen Füßen ist ein Teich zu sehen, über den zwei Brücken führen. Über dem Kopf der Figur sind zwei Vögel gezeichnet und über diesen, im Hintergrund, Felsen. Um den Rand des Tellers läuft eine feine schwarze Linie. Auf der äußeren Wandung sind in regelmäßigem Abstand drei Blütenzweige mit dreispitzigen Blättern und Blüten angeordnet. Die rechteckig gerahmte Marke im Fußring ahmt chinesische Porzellanmarken nach.
Der Dekor des Tellers orientiert sich am Vorbild des chinesischem Kraak-Porzellans, wählt aber eine abweichende Form und hält sich auch nicht an die sonst übliche Aufteilung des Innenfeldes. Die Gestalt des Sitzenden hat der persische Künstler uminterpretiert: was im chinesischen Vorbild als Gelehrter charakterisiert wird, ist zu der in der persischen Miniaturmalerei geläufigen Darstellung eines musizierenden Jünglings geworden. Dabei sind jedoch Details wie der Nimbus oder die Kopfbedeckung beibehalten. Auch die Umrandung des Tellers mit einer schwarzen Linie ist ein Dekorelement, das dem chinesischen Porzellan des 17. Jahrhunderts geläufig ist.

Lit.: Frankfurt (1974), S. 63, Nr. 161, Abb. 90; Frankfurt (1990), S. 54-55

90 SCHALE 10576

Iran (Kirman ?), 17. Jh.
H 17 cm, Dm 38,7 cm - 39,8 cm, Dm Standring 17,7 cm
Erworben 1943

Feiner, weißer Scherben. Transparente, farblose Glasur, grünlich schimmernd, allseitig deckend, auch im Fußring. Bemalung in Kobaltblau. Aus wenigen Bruchstücken zusammengesetzt.
Auf niedrigem Fußring tiefe Schale mit bauchiger Wandung.
Das kreisrunde Mittelfeld im Schalenboden rahmen Doppelstreifen. Darin ist eine Landschaft gezeichnet: den Mittelpunkt der Darstellung bildet eine Pagode, mit doppelstöckigem Dach. Links davon ist ein bizarres Felsmassiv zu sehen, das die Pagode überschneidet. Am rechten Bildrand sind Felsen sowie ein knorriger Baum zu erkennen. Weitere Felsen, in Kombination mit einem Busch, füllen den rechten unteren Bildrand. Die innere Wandung der Schale ist weiß belassen, lediglich um den oberen Rand zieht sich ein schmaler Streifen, der abermals Felsen, Pagoden, Schiffe und Bäume zeigt. Dasselbe Thema wiederholt sich auch auf der äußeren Wandung, wobei die gesamte Fläche ausgefüllt wird. Dargestellt sind Pagoden, Bäume, Felsen, ein Fluß und drei sitzende Personen. Im Fußring ist in Kobaltblau eine Pseudo-chinesische Marke gezeichnet, die in etwa dem Typus Nr. 26 der bei A.Lane auf Seite 115 aufgeführten Beispiele entspricht.
Der Dekor der Schale orientiert sich deutlich an chinesischen Porzellanen der Jiajing-Epoche, wie sie sich in der Sammlung des Topkapi-Saray mit einer Reihe von Beispielen erhalten haben. Sowohl in der Thematik als auch in der Anordnung des Dekores lassen sich enge Parallelen erkennen und auch das Format der chinesischen Vorbilder mit einem Durchmesser von ca.35 cm ist vergleichbar.
Die Bemalung der Schale ist technisch qualitätvoll in mehreren Tönen von Kobaltblau ausgeführt. Kennzeichnend für den Umgang der persischen Handwerker mit dem chinesischen Vorbild ist die Art und Weise, wie hier Motive versatzstückartig kombiniert werden. Auf der äußeren Wandung werden proportional übergroße Figuren zusammenhangslos in eine Landschaft gesetzt, einige Pagoden sind auf dem Kopf stehend dargestellt und an einer Stelle ist in die Landschaftsdarstellung ein unregelmäßiger Ausschnitt aus einem Wabenmuster eingefügt.

Vgl.: Ayers (1986), S. 674-78, Nr. 1074-1091

91 TELLER

H.St.15

Iran, Ende 17. Jh.
H 4,7 cm, Dm 23,1 cm, Dm Standring 10 cm
Erworben 1964

Feiner, weißer Scherben. Transparente, farblose Glasur, Innen und Außen. Bemalung in Kobaltblau, teilweise leicht in die Glasur abgeschwommen.
Flacher Teller auf niedrigem Fußring mit leicht bauchig geschwungener Wandung und abgesetztem, schrägen Rand, der nach außen gelappt abschließt.
Im kreisrunden Mittelfeld ist ein s-förmig geschwungenes, großes Blatt dargestellt, mit weißer mittlerer Ader und zentraler Rosette. Seitlich davon füllt eine mehrfach geschwungene Blattranke den verbleibenden Raum. Um den Rand ziehen sich Wellenranken, in die in regelmäßigen Abständen linghzi-Pilze eingestellt sind. Auf der äußeren Wandung ist viermal eine liegende Raute vor flatternden Schleifen dargestellt. Die Zeichnung des Dekors ist in zwei Blautönen ausgeführt, wobei Umrisse und Binnenzeichnung mit feiner dunkelblauer Linie nachgezeichnet sind.
Der Dekor interpretiert chinesische Vorbilder, die ein Artemisiablatt und ein Gedicht zeigen. Die perische Variante des Themas ersetzt das in chinesischen Schriftzeichen geschriebene Gedicht durch Wellenranken. Das Artemisiablatt wird durch das Einfügen einer zentralen Rosette abgewandelt. Und auch der Dekor der äußeren Wandung orientiert sich an chinesischen Vorbildern, hier sind es die „acht Kostbarkeiten“, die nachgeahmt werden.
Den Anhaltspunkt für die zeitliche Einordnung dieses Dekortypus gibt ein chinesischer Teller dieser Gruppe, der auf das Jahr 1667 datiert ist.

Lit.: Düsseldorf (1973), S. 249, Nr. 365; Frankfurt (1974), S. 65, Nr. 168
Vgl.: Crowe (1979), S. 392, Abb. CXXV b,c,d; Rogers (1983), S. 133, Abb. 170

92 FLASCHE H.St.13

Iran, 2.Hälfte 17. Jh.
H (ohne Verschluß) 28,2 cm, B 21,4 cm, T 13,5 cm
Erworben 1964

Feiner, weißer Scherben. Transparente, farblose Glasur, allseitig deckend, auch in der Standfläche. Bemalung in Kobaltblau mit schwarzer Konturzeichnung, Reliefdekor, Silbermontierung. Am Rand der Standfläche vier Brandstützennarben.
Auf innen eingezogener Standfläche Flasche mit bauchig geschwungenem Körper von ovalem Querschnitt, der ohne Absatz in den langen schlanken Hals übergeht. Der obere Abschluß des Flaschenhalses ist weggebrochen und durch einen Silberverschluß ergänzt worden.
Der Dekor der Flasche ist in schwachem Relief modelliert und zusätzlich farbig angelegt. Der Hintergrund ist in Kobaltblau ausgemalt, Umrisse und Binnenzeichnung mit einer feinen, schwarzen Linie ausgeführt, die Motive selbst stehen weiß vor dem farbigen Grund. Dargestellt sind Jagdszenen. Auf der einen Seite der Flasche ist ein Jäger in europäischer Tracht zu sehen, mit Pulverhorn und Gürteltasche, der knieend auf ein Reh anlegt, das im Hintergrund fliehend dargestellt ist. Rechts von dem Jäger fliegt ein Reiher auf. Den verbleibenden Grund füllen phantastische Pflanzenformen, die eine Landschaft andeuten. Auf der anderen Seite der Flasche ist derselbe Jäger zu sehen, die erlegte Gazelle auf den Schultern tragend. Links vor ihm kniet ein Mädchen oder Jüngling und kredenzt eine Schale mit Wein. Weiterhin sind ein Fruchtkorb und eine Weinflasche zu erkennen. Auch hier füllen phantastische Pflanzen den verbleibenden Grund.
Nahezu identische Flaschen sind in einer Reihe internationaler Sammlungen erhalten, was auf die Beliebtheit dieses Flaschentypus schließen läßt.

Lit.: Frankfurt (1974), S. 66, Nr. 169, Abb. 89; Rackham (1959), S. 17, Nr. 37, Abb. 19 a
Vgl.: ; Ashmolean Museum Oxford, Inv.Nr. 1978 1696; BMMA (1965), S. 226, Abb. 36; Kuwait (1990), S. 130, Nr. 100; Paris (1977), Nr. 622; Rapoport (1975), S. 50-53

93 WEINFLASCHE V 455

Iran, Kirman, 17. Jh.
H 15,2 cm, Dm 13,6 cm, Dm Standring 9,1 cm
Erworben 1990

Feiner, weißer Scherben. Transparente, farblose Glasur, grünlich schimmernd, allseitig deckend, auch im Fußring, Bemalung in Kobaltblau.
Auf niedrigem Fußring Flasche mit kugeligem Körper. Der Hals ist weggebrochen und durch eine trichterförmig ausgestellte Montierung ersetzt, die die ursprüngliche Form des Halses aufgreift.
Der Dekor setzt kurz über dem Fußring mit einer umlaufenden Reihe Schuppen an. Darüber schließt eine umlaufende Wellenranke mit dreispitzigen Blättern und Blüten an. Darüber folgt, als beherrschendes Dekorelement eine Reihe von Lotuspaneelen, von Doppellinien gerahmt und gefüllt mit Blüten oder Früchten vor Zweigen. In die Zwickel zwischen den Lotuspaneelen sind Dreipässe eingesetzt. Diese wiederholen sich auf dem Hals der Flasche. Die Messingmontierung zeigt eine Jagdszene: drei hintereinander gereihte Reiter und im Hintergrund Hasen und Gazellen. Im Fußring ist eine Phantasiemarke angebracht.
Im Bereich der islamischen Keramik treten Flaschen vergleichbarer Form erstmals im 17. Jahrhundert auf. In der Literatur werden sie entweder als Spucknapf oder als Weinflasche bezeichnet, wobei die Form der verschiedenen Beispiele geringfügige Unterschiede aufweist. In einigen Fällen geht der Gefäßkörper nicht übergangslos in die Schulter über, sondern ist durch ein umlaufendes Profil abgesetzt. Andere Beispiele haben diesen Absatz nicht in der Form, wohl aber im Dekor aufgenommen. In beiden Fällen läßt sich ein Bezug herstellen zu einer Gruppe kleiner Flaschen, deren Form J.Allan einleuchtend von Metallvorbildern ableitet.

Vgl.: Allan (1991), S. 54-55, Abb. 33; Atil (1973), S. 205, Nr. 95

94 SCHALE 2302

Iran, 17. Jh., sog. Gomrun-Keramik
H 5,2 cm, Dm 14,4 cm, Dm Standring 5,7 cm
Erworben 1891

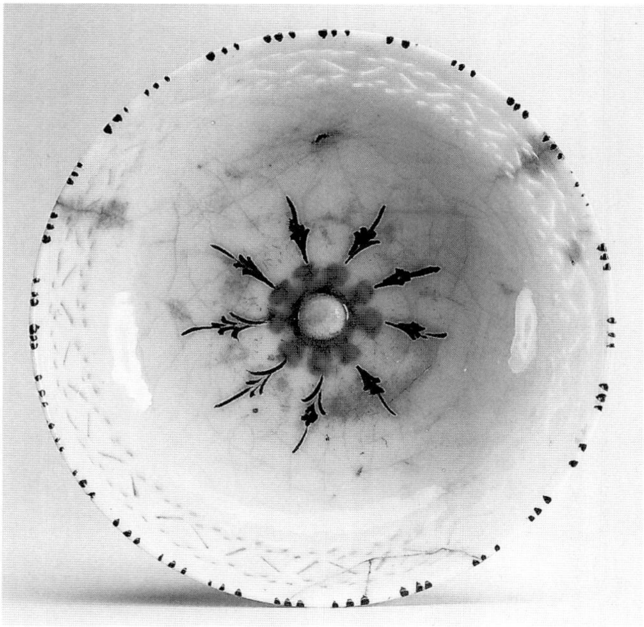

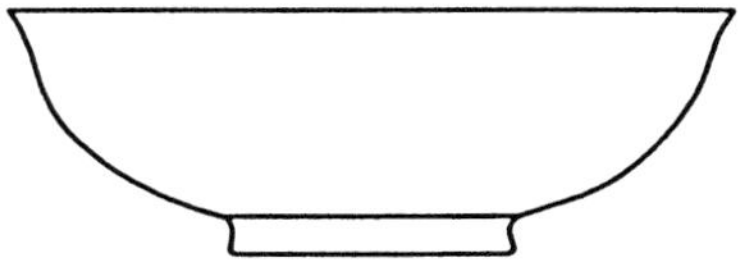

Weißer, glasartiger Scherben. Transparente, farblose Glasur, grünlich schimmernd, allseitig deckend, Bemalung in Kobaltblau und Schwarz, Durchbruchdekor. Aus wenigen Bruchstücken zusammengesetzt.
Auf niedrigem Fußring flache Schale mit leicht bauchig gewölbter Wandung und Nabel in der Schalenmitte.
Um den Nabel in der Schalenmitte ist eine neunblättrige Rosette in Kobaltblau gezeichnet, die durch einen fein in Schwarz gezeichneten Strahlenkranz erweitert wird. In der Wandung läuft ein in Durchstichtechnik gearbeitetes, geometrisches Musterband um. Entlang dem oberen Schalenrand sind Dreiergruppen kurzer Striche gereiht.
Die Form der Omphalos-Schale ist in der islamischen Welt kontinuierlich belegt, sowohl in Metall als auch in Keramik gearbeitet. Über die spezifische Bedeutung und Verwendung solcher Schalen ist hingegen wenig bekannt. Im 17.und 18. Jahrhundert sind es vor allem die sogenannten Gomrun-Keramiken und Lüster-Waren, die diese spezielle Form aufweisen. Formal sind sie verwandt mit einer Metallschale aus dem 16. Jahrhundert, auf der eine Inschrift ein Gedicht zum Lob des Weines zitiert. Dies wäre ein möglicher Hinweis auf die Verwendung der Schalen als Trinkgefäße.

Vgl.: Atil (1973), S. 209, Nr. 97; Fehervari (1973), S. 139, Nr. 183, Abb. 78a

95 TELLER 13498

Iran, Kirman, 17. Jh.
H 7 cm, Dm 38,3 cm, Dm Standring 20,4 cm
Erworben 1972

Feiner, weißer Scherben. Transparente, farblose Glasur, allseitig deckend, auch im Fußring, kobaltblaue Glasur, eingeschnittener Dekor. Am Rand angeschlagen, geringfügige Ergänzungen.
Auf niedrigem Fußring tiefer randloser Teller mit bauchig geschwungener Wandung und ausgestelltem Rand.
Der Dekor des Tellers ist in die kobaltblaue Glasur eingeschnitten, so daß der darunterliegende weiße Scherben sichtbar wird, anschließend wurde der gesamte Teller nochmals mit einer farblosen Glasur überzogen. Die Tellermitte zeigt eine Palmettblüte, die in einen aus Gabelblättern gebildeten Vierpaß eingestellt und auf vier weitere, sich kreuzende Gabelblätter aufgesetzt ist. Um den Tellerrand sind sechs s-förmig geschwungene, liegende Blattranken angeordnet. Die Rückseite ist weißgrundig angelegt und mit feiner Bemalung in schwärzlichem Kobaltblau versehen. Im unteren Bereich der Wandung ist eine umlaufende stilisierte Lotusblattborte gezeichnet. Auf dem Standring selbst sind kleine Spiralen gereiht. Im Standring sind vier über Kreuz angeordnete Marken in Blau angebracht.
Der Teller gehört zu einer Gruppe monochrom glasierter Keramiken, die sich durch den scharf konturierten Dekor sowie durch außergewöhnliche Formen und Formate auszeichnen. Der Dekor kombiniert traditionell islamische Motive wie die zentrale Palmettblüte mit chinesischen Elementen. Mit der feinen linearen Zeichnung und der graphischen Stilisierung der Lotusblattborte auf der äußeren Wandung hat der persische Künstler sich allerdings schon recht weit von dem chinesischen Vorbild entfernt.
J.M.Rogers datiert diese Gruppe monochrom glasierter Keramiken mit eingeschnittenem Dekor in die Zeit zwischen 1600-40. Er begründet dies mit stilistischen Parallelen zu moghul-indischen Architekturdekoren in Pietra-dura-Technik und vermutet, daß Stücke wie diese für den Export nach Indien produziert wurden.

Lit.: Frankfurt (1974), S. 63, Nr. 160, Abb. 86
Vgl.: Lane (1957), Abb. 89 a und b; Rogers (1983), S. 124, S. 134, Abb. 172

96 FLASCHE 13135

Iran, 17. Jh.
H (ohne Verschluß) 18 cm, B 16,5 cm, T 8,8 cm
Erworben 1963

Feiner, heller Scherben. Transparente, flaschengrüne Glasur außen und in der Standfläche, Reliefdekor. Aus wenigen Bruchstücken zusammengesetz, Hals weggebrochen und durch Messingmontierung ersetzt. Im Fuß vier Brandstützennarben.
Flasche mit abgeflachter Vorder- und Rückseite und durch drei Rippen profilierten Seiten, in die Schulter übergehend bis zum Halsansatz.
Die Flasche ist aus zwei in der Form geprägten Hälften zusammengesetzt. Der reliefierte Dekor zeigt auf der einen Seite eine Landschaft mit Blumen und einem blühenden Baum, in der rechten unteren Ecke ist ein springendes Reh dargestellt. Auf der anderen Seite ist abermals ein Baum dargestellt sowie ein sich windender Drache. Auf den seitlichen Profilen sind reziproke Zinnenmuster und Kartuschen gereiht.

Lit.: Frankfurt (1974), S. 66, Nr. 170, Abb. 84
Vgl.: Düsseldorf (1973), S. 243, Nr. 356; Lane (1957), Abb. 97 c-d

97 TELLER 12951

Iran, Kirman, 17. Jh.
H 3,8 cm, Dm 25,7 cm, Dm Standring 13,5 cm
Erworben 1959

Feiner, weißer Scherben. Seladonfarbener Anguß, Bemalung mit weißer Schlickerfarbe, transparente, farblose Glasur, allseitig deckend, auch im Fußring, weitmaschig gesprüngelt.
Auf niedrigem Fußring tiefer Teller mit bauchig geschwungener, facettierter Wandung und schmalem, gelappten Rand.
Die zierliche weiße Malerei im Spiegel des Tellers zeigt einen aus einem Punkt hervorwachsenden, zart geschwungenen Busch mit spitzen, dreizipfeligen Blättern, die zu Rispen zusammengefaßt sind. Die facettierte Wandung ist seladonfarbig belassen. Um den Rand herum ziehen sich zwei gegeneinander versetzte Wellenranken, mit entspechenden dreizipfeligen Blättern besetzt.
Seladonfarbene Keramik wurde in Nachahmung chinesischen Seladons hergestellt. Auch die Form des Tellers mit der facettierten Wandung und dem gelappten Rand ist auf chinesische Vorbilder zurückzuführen. Die weiße Bemalung hingegen ist eine Schöpfung der persischen Handwerker.

Lit.: Frankfurt (1974), S. 64, Nr. 162, Abb. XV
Vgl.: Düsseldorf (1973), S. 267, Nr. 402

98 TELLER 13345

Iran, Kirman?, 17. Jh.
H 4,7 cm, Dm 17,8 cm, Dm Standring 6,5 cm
Erworben 1971

Mittelfeiner, gräulichweißer Scherben. Graugrüner Anguß, Bemalung in Kobaltblau und Weiß. Geringfügige Ergänzungen.
Auf niedrigem Fußring tiefer, randloser Teller.
Der Dekor ist durch konzentrische Kreise gegliedert. Das kreisrunde Mittelfeld zeigt zwei Personen im „Türkensitz" in blauen Gewändern. Den verbleibenden Grund füllen Ranken mit fedrigen Blüten und spitzzipfeligen Blättern. Ein breiter, mit einer stilisierten Ranke gefüllter Streifen rahmt das Mittelfeld. Derselbe Musterstreifen wiederholt sich am inneren Rand des Tellers. Die äußere Wandung ist durch feine blaue Streifen in zwei unterschiedlich breite Abschnitte unterteilt, die mit einer stilisierten Ranke sowie mit einer Wellenranke gefüllt sind. Im Fußring sind fünf blaue Farbtupfen angebracht.
Der Dekor des Tellers arbeitet mit Elementen aus dem Formenschatz des chinesischen Porzellans. Besonders deutlich wird dies bei der Verwendung der stilisierten Ranke, der „classic scroll" des chinesischen Porzellans.

Lit.: Frankfurt (1974), S. 64, Nr. 163, Abb. 85

99 SCHALE H.St.14

Iran, Kirman,17. Jh.
H 8,5 cm, Dm 18,7 cm, Dm Standring 9 cm
Erworben 1964

Feiner, weißer Scherben. Transparente, farblose Glasur, grünlich schimmernd, allseitig deckend, auch im Fußring. Bemalung in zwei Tönen Kobaltblau und rötlichem Lüster. Aus wenigen Bruchstücken zusammengesetzt. Im Fuß vier Brandstützennarben.
Auf niedrigem, innen abgesetztem Fußring tiefe Schale mit wenig bauchig geschwungener Wandung und ausgestelltem Rand.
Im Spiegel der Schale wird das kreisrunde Feld mit blauem Doppelstrich gerahmt. Darin ist in Kobaltblau ein Reh mit nach rückwärts gewandtem Kopf gezeichnet. Links davon , ebenfalls in Blau, ein s-förmig geschwungener Baumstamm, rechts eine Blumenstaude. Unterhalb des Tieres ist ein Wasserlauf angedeutet. Den verbleibenden Grund füllen phantastische Blüten und Grasbüschel, die in rötlichem Lüster gezeichnet sind. Der Dekor der Wandung ist ausschließlich in Lüster angelegt. Um das Mittelfeld sind sechs Lotuspaneele angeordnet, mit zarten Blütenstauden gefüllt. In die Zwischenräume sind sechs Medaillons eingestellt, die mit einem Rankengitterwerk gefüllt sind. Den Abschluß zum oberen Rand der Schale bildet ein schmaler Streifen, in dem wiederum Kobaltblau und Lüster kombiniert wurden. Er zeigt eine schematisch gezeichnete Landschaft im Chinoiserie-Stil. Der Dekor der äußeren Wandung ist ebenfalls in Kobaltblau und Lüster gemalt und nimmt das Thema des Mittelfeldes wieder auf. Er zeigt ein Reh vor s-förmig geschwungenem Wasserlauf, einen knorrigen Baumstamm, Blütenstauden und einen Nadelbaum. Diese Szene ist auf der äußeren Wandung zweimal wiedergegeben. Im Fußring der Schale ist eine Pseudomarke in Schwarz angebracht, in Form einer schraffierten Raute.
Der Dekor der Schale kombiniert nicht nur zwei unterschiedliche Techniken – die Unterglasurmalerei in Kobaltblau und die Aufglasurbemalung in Lüster – sondern, im Zusammenhang damit, auch zwei verschiedene Stile. Aus dem chinesisch beeinflußten Repertoire der Blau-Weiß Keramiken stammen Elemente wie das Reh mit zurückgewandtem Kopf, der Nadelbaum mit den rosettenartigen Nadelbündeln oder die Landschaft am oberen Innenrand. Charakteristische Elemente der safawidischen Lüsterdekore sind die schildförmigen Blüten mit durchbrochenem Rand im Mittelfeld oder die sternartigen Grasbüschel, aus denen nach allen Seiten hin Blüten hervorwachsen. Diese Kombination zweier kontrastierender Techniken und Stile findet sich in vergleichbarer Weise auch bei der polychromen Ware, die allgemein nach Kirman lokalisiert wird.

Lit.: Frankfurt (1990), S. 64-65

100 TELLER

Stadt 218

Iran, 18. Jh.
H 5 cm, Dm 21,3 cm, Dm Standring 9,6 cm
Erworben 1905

Feiner, weißer Scherben. Transparente, farblose Glasur, grünlich schimmernd, allseitig deckend, auch im Fußring, Bemalung in bräunlichem Lüster und in Kobaltblau. Im Fußring drei Brandstützennarben.
Auf niedrigem, innen abgesetztem Fußring tiefer, randloser Teller mit leicht bauchig geschwungener Wandung.
Das Innere des Tellers ist in Lüster auf kobaltblauem Grund bemalt. Dieser blaue Grund wird durch einen Farbauftrag unter der transparenten, farblosen Glasur erzielt. Im Mittelpunkt des Dekores steht ein phantastischer Baum mit drei zypressenartigen Wipfeln. Links davon ist eine geschwungene Blütenstaude harmonisch in das Tellerrund eingepaßt. Eine entsprechende Staude wiederholt sich rechts des Baumes. Den Abschluß zum Rand hin bildet auf dieser Seite ein massiv gezeichneter Felsen. Unterhalb des Baumes zieht sich ein breites Lüsterband hin – hier wohl als Wasserlauf gemeint. Unterhalb dieses Baches sind weitere Grasbüschel und eine Blume dargestellt, auf dem Kopf stehend. Den Abschluß zum Tellerrand hin bildet ein von Doppellinien gerahmtes Schnurmuster. Die äußere Wandung ist in Lüster auf weißem Grund bemalt und zeigt zwei übereinander gelegte Rankensysteme. Einander überlappende, gereihte Vierpässe sind mit einer Blüte gefüllt. Diese Blüten werden durch ein Kreisrankensystem miteinander verbunden.
Der Teller ist ein charakteristisches Beispiel für die späte persische Lüsterkeramik, die in der Zeit der Safawidenherrschaft entstand. Kennzeichnend ist ein Dekorrepertoire, das weder chinesische noch traditionell islamische Formen verwendet, sondern die safawidische Vorliebe für blühende Landschaften widerspiegelt. Dargestellt sind vorwiegend Pflanzenformen, seltener auch Tiere. Der Stil der Darstellungen weist enge Bezüge auf zu den in Gold ausgeführten Randzeichnungen von Manuskripten des 16.und 17. Jahrhunderts. Eine technische Neuerung dieser Lüsterwaren ist die Ausarbeitung des unteren Tellerbodens, der zusätzlich ringförmig ausgeschnitten wird, um die Scherbendicke zu verringern.

Vgl.: Atil (1973), S. 215; Lane (1957), Abb. 84 b; Watson (1985), S. 165, Nr. 138

101 VASE V 446

Iran, 18. Jh.
H 30,2 cm, Dm 21,7 cm, Dm Mündung 10,6 cm,
Dm Standring 11,5 cm
Erworben 1990

Feiner, weißer Scherben. Transparente, farblose Glasur, innen und außen deckend, Bemalung in Kobaltblau mit schwarzer Konturzeichnung. Angeschlagen, Hals teilweise weggebrochen. Verunreinigungen unter der Glasur.
Balusterförmige Vase auf innen eingezogenem Standring.
Der Dekor der Vase zeigt eine Landschaft im Chinoiserie-Stil. Mittelpunkt der Darstellung ist ein sitzender Jüngling, der ein Bein angewinkelt hat, das andere entblößt und lang ausgestreckt. Er ist mit einem locker gewickelten Gewand und fächerförmiger Mütze bekleidet. In der linken Hand hält er eine langhalsige Weinflasche. Sein Kopf und Oberkörper sind durch ein Wolkenband nimbusartig hinterfangen. Zu seinen Füßen und rechts von ihm deuten Blumen und Felsen eine Landschaft an. Weiter rechts ist ein buckliges Rind in stark verkürzter Vorderansicht zu sehen. Diese Szene ist auf der Vase mit geringfügigen Unterschieden zweimal dargestellt. Auf der Schulter sind umlaufend Dreipässe in der Art des chinesischen ruyi-Zepter gereiht. Um den Hals zieht sich ein breiter blauer Streifen.
Der Dekor der Vase kombiniert Elemente aus dem Repertoire des chinesischen Export-Porzellans mit Motiven aus der persischen Malerei. Das in Verkürzung dargestellte Rind ist ein geläufiger Bestandteil der Porzellandekore aus der Zeit des Kaisers Wan-Li (1573-1619). Die Darstellung von Einzelpersonen, die in einem Garten sitzen und zechen ist hingegen ein beliebtes Thema der Albumblätter, die mit dem 17. Jahrhundert im Iran in Mode kommen. Zugleich weckt die Darstellung des Weintrinkers, der mit entblößten Beinen gezeigt ist aber auch Assoziationen an ein von A.Lane zitiertes Thema, das auf persischen Blau-Weiß Keramiken des 17. Jahrhunderts vorkommt: „a drunken Chinese embracing a wine bottle and showing his legs – this a libellous Persian invention."

Vgl.: Lane (1957) S. 96

102 TELLER 13999

Iran, 18. Jh.
H 3,1 cm, Dm 14,9 cm, Dm Standring 7,8 cm
Erworben 1979

Feiner, weißer Scherben. Transparente, farblose Glasur, allseitig deckend, auch im Fußring. Bemalung in Schwarz und Kobaltblau. Auf weitem Fußring flacher Teller ohne Rand.
Das kreisrunde Feld in der Tellermitte ist von schwarzen Doppelstrichen gerahmt. Darin sind in flüchtiger Zeichnung drei Phantasieblüten und Blätter eingestellt. Die verbleibende Tellerfläche ist durch radiale Streifen in drei schmale und drei breitere Abschnitte unterteilt. Die breiten Felder zeigen je eine Blüte mit Stiel und symmetrisch angeordneten Blättern. Die schmalen Felder füllt ein Doppelhakenmotiv in Blau sowie ein weißes Zick-Zack Muster auf blauem Grund. Um den inneren Rand zieht sich ein feiner schwarzer Streifen. Auf der äußeren Wandung ist die Aufteilung der Innenfläche wieder aufgegriffen. Hier wechselt ein als Lotuspaneel gezeichneter breiter Abschnitt mit schmalen Feldern. Die Füllmotive der Abschnitte entsprechen weitgehend den für die Innenfläche gewählten Motiven, sind jedoch wesentlich flüchtiger gezeichnet.
Der Dekor des Tellers orientiert sich am Vorbild der „Klapmutsen", einer bestimmten Gruppe chinesischen Exportporzellans, ohne jedoch die Form – tiefe Teller mit breitem, abgesetztem Rand – zu übernehmen. Die für die Klapmutsen charakteristische Aufteilung des Randes in schmale und breitere Paneele sowie die Füllung dieser Abschnitte mit kleinteiligen Motiven ist vielmehr auf einen wesentlich kleineren Teller ohne Rand übertragen.

103 TELLER 573

Iran, 18. Jh.
H 7 cm, Dm 34,4 cm, Dm Standring 19,1 cm
Erworben 1883

Mittelfeiner, weißer Scherben. Transparente, farblose Glasur, fein gesprüngelt, allseitig deckend, auch im Fußring. Bemalung in Kobaltblau mit schwarzer Konturzeichnung. Aus wenigen Bruchstücken zusammengesetzt.
Tiefer Teller auf niedrigem Fußring mit bauchig geschwungener Wandung und abgesetztem, schrägen Rand.
Den Mittelpunkt der Innenfläche markiert eine in zwei Blautönen gezeichnete Rosette. Um die Rosette herum sind zwei konzentrische Wellenranken angeordnet, besetzt mit kleinen dreispitzigen Blättchen, größeren spitzgezackten Blättern und hellblauen Rosettblüten. Die beiden Ranken sind gegenläufig angeordnet. Die Wandung zeigt umlaufend gereihte Lotuspaneele in Hellblau und Weiß und mit schwarzer Konturzeichnung. Auf dem Rand sind umlaufend liegende Blattpaare gereiht, wobei jeweils drei weiße und zwei hellblaue Blattpaare abwechseln. Auf der äußeren Wandung sind im

Wechsel hellblaue Rosettblüten und ein dreispitziges Blatt gereiht. Zum Rand hin deutet eine feine schwarze Linie einen gelappten Abschluß an.
Der Dekor des Tellers imitiert einen türkischen Keramikdekor der in die Zeit um 1575 datiert wird und den J.Raby als „Wheat-Leaf"-Stil bezeichnet. Charakteristisch ist die Kombination der zwei unterschiedlichen Blattformen mit einer Rosettblüte, aber auch die Anordnung in zwei gegenläufige Wellenranken um eine zentrale Rosette herum. Im Gegensatz zu dem türkischen Vorbild ist die Bemalung allerdings wesentlich gröber ausgeführt. Auch die Qualität des Scherbens und der Glasur halten dem Vergleich mit der türkischen Keramik nicht stand.

Vgl.: Atasoy/Raby (1989), S. 241, Nr. 443, Nr. 447, Nr. 746

104 TELLER H.St.24

Nordwest-Iran, 18. Jh.
H 5,2 cm, Dm 29,2-29,8 cm, Dm Standring 13,7 cm
Erworben 1969

Feiner, weißer Scherben. Transparente, farblose Glasur, grünlich schimmernd, allseitig deckend, weitmaschig gesprüngelt. Bemalung in Kobaltblau und Schwarz. Aus wenigen Bruchstücken zusammengesetzt, eine Ergänzung.
Flacher Teller auf niedrigem Fußring mit leicht bauchig geschwungener Wandung und ohne Rand.
Die gesamte Innenfläche des Tellers füllt die Darstellung einer Jagdszene. Im Mittelpunkt steht die Figur eines galoppierenden Reiters, mit angelegter Lanze. Zu Füßen des Pferdes ist ein kleiner Teich gezeichnet, an dessen Rand zwei Blumen und eine kleine Zypresse stehen. Die zweite, kleinere Figur vor dem Reiter ist möglicherweise ein Diener. Diese Figur ist als einzige nicht mit schwarzer Linie umrissen. Um den Rand des Tellers herum sind abwechselnd Jagdwild und Pflanzen angeordnet, wobei so verfahren wurde, daß der Tellerrand als Grundlinie dient. Ein schmaler Streifen gereihter Kreuzblätter schließt den Dekor zum Rand hin ab.
Sowohl das Thema als auch die Art der Darstellung des Dekores stehen ganz in islamischer Tradition: die persische Tracht und der Turban des Reiters, die Zierquaste am Hals des Pferdes, der Teich am Tellerrand und die symmetrisch an seinem Ufer wachsenden Pflanzen. Bemerkenswert ist außerdem die Charakterisierung des Tellerrandes als Grundlinie für Teile der Darstellung.

Lit.: Frankfurt (1974), S. 66, Nr. 171, Abb. 91; Frankfurt (1990), S. 68-69

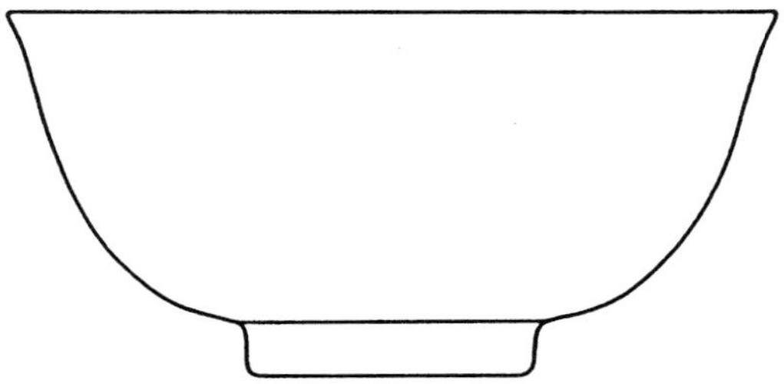

105 SCHALE 787

Iran, Anfang19. Jh.
H 10 cm, Dm 19,2 cm, Dm Standring 7,5 cm
Erworben 1885

Feiner, weißer Scherben. Transparente, farblose Glasur, grünlich schimmernd, allseitig deckend, weitmaschig gesprüngelt. Bemalung in Kobaltblau mit schwarzer Konturzeichnung. Im Schalenboden drei Reste von Brennhilfen.
Tiefe Schale auf niedrigem Fußring mit leicht bauchig gewölbter Wandung.
Das kreisrunde Mittelfeld im Schalenboden ist von feinen schwarzen Doppelstrichen gerahmt. Darin erscheint eine geometrisch stilisierte Blütenranke: Auf ihren spiralig eingedrehten Zweig sind vier Blüten abnehmender Größe gesetzt. Die Wandung ist in zwei breite Musterstreifen unterteilt. Der untere Streifen zeigt alternierend spitzgiebelige, weiße Streifen und geometrisch stilisierte Lotusknospen in Weiß vor blauem Grund. Die weißen spitzgiebeligen Felder sind zusätzlich mit versetzt angeordneten, sternförmigen Durchstichen versehen. In den Knospenformen werden diese kreuzförmigen Füllmotive in schwarzer Bemalung aufgegriffen. Darüber schließt ein Streifen mit gereihten Blattformen an, die vor Spiralrankengrund gestellt sind. Ein schmaler blauer Streifen bildet den oberen Abschluß zum Rand hin. Die äußere Wandung zeigt denselben Dekor wie die Innenwandung.
Mit dem Dekor der Schale wird auf eine Technik zurückgegriffen, die im 12. Jahrhundert im Iran entwickelt wurde und bei der die Wandung durchstochen und die Durchstiche anschließend mit Glasur ausgefüllt werden. Auffällig ist weiterhin die starke Stilisierung und die damit einhergehende Vereinfachung der vegetabilen Dekorelemente.

Vgl.: Düsseldorf (1973), S. 272, Nr. 408 u. S. 273, Nr. 410; Lane (1959), Abb. 91 b

106 SCHALE 788

Iran, 19. Jh.
H 9 cm, Dm 18,7 cm-20 cm, Dm Standring 7,6 cm
Erworben 1884

Mittelfeiner, heller Scherben. Transparente, farblose Glasur, weitmaschig gesprüngelt, am Fuß dick abtropfend, allseitig deckend, auch im Fußring. Bemalung in Kobaltblau mit schwarzer Konturzeichnung, teilweise in die Glasur abgeschwommen, Durchbruchdekor. Im Schalenboden zwei Brandstützennarben.

Tiefe Schale auf niedrigem Fußring mit leicht bauchig geschwungener Wandung.
Das kreisrunde Mittelfeld im Spiegel der Schale ist von einem schwarzen Doppelstrich gerahmt und zeigt als Ausschnitt aus einem Muster im unendlichen Rapport ein aus Wellenlinien gebildetes Gitternetz, dessen Rauten jeweils mit Punkten gefüllt sind. In der Wandung sind kreuzförmig vier Vierpässe angeordnet, die mit versetzt gereihten Durchstichen gefüllt sind. Zwischen diesen Vierpässen ist je eine Rosettblüte eingestellt, die verbleibenden Zwickel oberhalb und unterhalb der Blüte füllen Schraffuren beziehungsweise Spiralmuster. Den Abschluß zum oberen Rand hin bildet ein schmaler weißgrundiger Streifen, der in kurze Abschnitte unterteilt ist, die abwechselnd eine Zick-Zack-Reihe vor schraffiertem Grund beziehungsweise ein Kreis-Punkt-Muster zeigen. Der Dekor der inneren Wandung wiederholt sich auf der Außenseite, lediglich der obere schmale Abschlußstreifen weist ein abweichendes Muster auf.
Der Dekor der Schale ist mit schnellem sicheren Strich gearbeitet, die Zeichnung der einzelnen Motive wirkt flüchtig und unsauber. Für eine zügige Arbeitsweise spricht auch, daß der regelmäßige Wechsel zweier Musterstreifen auf dem oberen inneren Rand nicht aufgeht, so daß an einer Stelle dasselbe Muster aufeinandertrifft.

107 SCHALE 2305

Iran, 19. Jh.
H 10,2 cm, Dm 23,5 cm, Dm Standring 10 cm
Erworben 1891

Mittelfeiner, heller Scherben. Transparente, farblose Glasur, innen und außen deckend. Bemalung in leuchtendem Kobaltblau, teilweise in die Glasur abgeschwommen, Durchbruchdekor. Aus wenigen Bruchstücken zusammengesetzt.
Tiefe Schale auf niedrigem Fußring mit wenig bauchig geschwungener Wandung.
Das kreisrunde Mittelfeld im Schalenboden zeigt vier kreuzförmig angeordnete Knospen, zwischen den Knospen Blätter in stilisierter Zeichnung. Das Mittelfeld rahmen zwei schmale Streifen mit gereihten blauen und weißen Quadraten beziehungsweise mit einem Schnurmuster. In der Wandung sind über Kreuz vier auf der Spitze stehende Quadrate angeordnet, die mit versetzt gereihten, kreuzförmigen Durchstichen gefüllt sind. Zwischen die Quadrate ist ein Blütenbukett aus zwei Rosettblüten sowie sechs Knospen eingestellt. Den Abschluß zum Rand bildet ein schmaler Streifen mit einem Muster aus versetzt schraffierten Dreiecken. Der Dekor der äußeren Wandung entspricht dem der Innenseite.

108 VASE 2299

Iran, 19. Jh.
H 12,1 cm, Dm 16,7 cm, Dm Mündung 11,7 cm,
Dm Standring 9,7 cm
Erworben 1891

Mittelfeiner, weißer Scherben. Transparente, farblose Glasur, innen und außen deckend, Bemalung in Kobaltblau, mit schwarzer Konturzeichnung.
Auf weitem, niedrigen Fußring Vase mit bauchig geschwungenem Körper, schräger, nicht abgesetzter Schulter und weitem, niedrigen Hals mit ausgestelltem Rand.
Die Wandung ist in drei unterscheidlich breite Musterstreifen gegliedert. Um den Fußring läuft ein breiter, blauer Streifen. Darüber schließt eine schwarze Doppellinie an, die den ersten Musterstreifen rahmt. Dieser zeigt eine umlaufende Wellenranke mit Rosettblüten. Darüber folgt ein zweiter, schmalerer Musterstreifen mit weißen Vierpässen vor blauem Grund. Ein dritter, schmaler Streifen am Hals der Vase zeigt in Reserve vor blauem Grund gereihte, vierblättrige Rosetten, von Doppelstrichen getrennt.

109 VASE 2298

Iran, 19. Jh.
H 14,4, cm, Dm 12 cm, Dm Mündung 3,7 cm,
Dm Standfläche 8,2 cm
Erworben 1891

Mittelfeiner, weißer Scherben. Transparente, farblose Glasur, innen und außen deckend, Bemalung in Kobaltblau mit schwarzer Konturzeichnung.
Vase auf gerader Standfläche mit erst schräg dann gerade aufsteigender Wandung, abgesetzter, schräger Schulter und engem, niedrigen Hals.
Ein schmaler Streifen oberhalb der Standfläche ist unglasiert. Darüber schließt bis zum Schulteransatz ein breiter Musterstreifen an, der vier Medaillons zeigt, die jeweils mit einer vierblättrigen Rosette sowie vier kreuzweise angeordneten Rosettblüten gefüllt sind. In die Zwischenräume zwischen den Medaillons sind je eine Blütenstaude mit zentraler Blüte und begleitenden Blättern eingestellt. Auf der Schulter laufen hängende Dreipässe in Weiß vor blauem Grund um. Auf dem Hals sind gegeneinander versetzte blaue und weiße Dreiecke zu einem Musterstreifen gereiht.

110 VASE

V 448

Iran, 19. Jh.
H 23 cm, Dm 11,5 cm, Dm Mündung 8,8 cm, Dm Standring 8 cm
Erworben 1990

Feiner, weißer Scherben. Transparente, farblose Glasur, am Fuß dick abtropfend, weitmaschig gesprüngelt, innen und außen deckend. Bemalung in dunkelbraunem Lüster.
Auf niedrigem Standring balusterförmige Vase mit schlanker, trichterförmig ausgestellter Mündung. Auf der Schulter sitzen drei weitere, enge Mündungsöffnungen auf.
Der Dekor zeigt eine von Tieren und Fabelwesen belebte Szene: ein Pfau, ein Fasan und ein Drache stehen in der durch Grasbüschel angedeuteten Landschaft. Am oberen Rand, im Hintergrund, sind Felsen angedeutet. Der Hals und die auf der Schulter aufsitzenden Mündungen sind durch rahmende Streifen von dem Dekor ausgespart. Der Hals der Vase ist durch senkrechte Dreifachstreifen in drei Abschnitte unterteilt. In diese ist je eine Blütenstaude eingestellt, den verbleibenden Grund füllen Blätter. Die Tüllen auf der Schulter sind mit senkrechten Streifen versehen.
Die Vase gehört zu der Gruppe von Lüsterkeramiken, die im 19. Jahrhundert entstanden und an die safawidische Produktion anknüpfen. Lüsterbemalung und Glasur sind von minderer Qualität und die Vase zeigt nicht die charakteristische Ausarbeitung des Fußringes, die kennzeichnend ist für die safawidische Produktion. Auch die typischen Motive der safawidischen Lüsterkeramiken, die schildförmige Blüte, die Grasbüschel und die spitzen Blättchen, fehlen.

Vgl.: Lane (1957), Abb. 84 a, Abb. 85 a

111 ZWEI TELLER

V 443
V 444

Iran, 19. Jh.
H 5 cm, Dm 22 cm, Dm Standring 8,7 cm
Erworben 1990

Mittelfeiner, gräulichweißer Scherben. Transparente, farblose Glasur, weitmaschig gesprüngelt, außen nur im oberen Drittel deckend. Bemalung in Kobaltblau, in die Glasur abgeschwommen. Drei Brandstützennarben im Fond. Im Standring ein Glasurfleck und ein eingeritztes Zeichen.
Auf niedrigem Fußring flacher randloser Teller.
Die Innenfläche des Tellers überzieht die Darstellung einer Landschaft im Chinoiserie Stil, gerahmt von einem breiten blauen Streifen , der um den Rand umläuft und zur Tellermitte hin mit kleinen Punkten besetzt ist. Die gesamte Zeichnung ist außerordentlich flüchtig ausgeführt und läßt kaum Details der Darstellung erkennen. Verstärkt wird dieser Effekt durch das Verlaufen der Malfarben.
Der Dekor des Tellers weist Parallelen auf zu einem von M.Centlivres-Demont aufgeführten Dekor, der im 19. Jh. im iranischen Meybod (Yazd) hergestellt wurde und den die Töpfer „Gombad" d.h. Kuppel, Mausoleum nennen. Die Autorin bemerkt in diesem Zusammenhang, daß es sich bei diesem Dekor wahrscheinlich nicht um die Nachbildung eines chinesischen Vorbildes handelt, sondern daß englische Porzellane kopiert wurden, die ihrerseits von chinesischen Produktionen beeinflußt waren.

Vgl.: Centlivres-Demont (1971), S. 130, Abb. 28-29; Soustiel (1985), S. 306, Nr. 342

112 VASE

V 495

Iran, 19. Jh.
H 29,7 cm, Dm 17,7 cm
Erworben 1990

Feiner, weißer Scherben. Transparente, farblose Glasur, weitmaschig gesprüngelt. Bemalung in Kobaltblau und Schwarz. Mündung und Standring sind ergänzt.
Auf weitem Fußring balusterförmige Vase mit langem, engen Hals und leicht ausgestellter Lippe.
Auf dem Gefäßkörper ist eine phantastische Landschaft dargestellt. Hintereinander gereiht erscheinen eine phantastische Blüte, eine Gazelle, Bäume sowie ein schreitender Vogel. Die Tiere und Pflanzen sind ohne Rücksicht auf natürliche Größenverhältnisse gezeichnet. Den Hals der Vase zieren vier gereihte, tulpenartige Blütenstauden.

113 VASE (Farbabb. s. S. 160) 6058

Iran, 19. Jh.
H 37,8 cm, Dm 17 cm, Dm Standring 8,4 cm
Erworben 1926

Feiner, weißer Scherben. Transparente, farblose Glasur. Bemalung in Kobaltblau, Violett, Grün, Türkis, Gelb und Schwarz. Aus mehreren Bruchstücken zusammengesetzt.
Auf innen eingezogenem Fußring balusterförmige Vase mit langem, engen Hals. Der Hals ist im oberen Drittel über einem Absatz eingezogen und läuft aus in eine leicht ausgestellte Lippe.
Der Dekor der Vase ist in mehrere unterschiedlich breite, übereinander angeordnete Zonen gegliedert. Über dem Fuß läuft ein schmaler Streifen mit einer stark stilisierten Lotusblattbordüre um, im Wechsel Blau und Weiß vor schwarzem Grund. Darüber folgt ein breiter Abschnitt, der durch umlaufende, Architektur andeutende Bögen in vier Abschnitte gegliedert ist. In jedem dieser Abschnitte ist eine sitzende Frau dargestellt, mit enganliegendem, vorn geknöpftem Oberteil und weitem Rock, die im „Türkensitz" auf dem Boden hockt. Vor ihr stehen Weinflaschen, im Hintergrund sind phantastische Blütenstauden zu sehen. Darüber folgt auf der Schulter umlaufend ein Schriftband in Weiß vor grünem Grund. Zwei schmale, mit Punkten besetzte Streifen bilden den Abschluß zum Hals hin. Auf dem Hals sind vier phantastische Blütenstauden vor blauem Grund gereiht. Ein weiterer, schmaler Streifen zeigt liegende Blüten.
Form und Dekor der Vase sind charakteristisch für die persische Keramik aus der zweiten Hälfte des 19. Jahrhunderts. Dargestellt ist ein klassisches Thema, eine Szene aus dem höfischen Leben. Die Art der Darstellung jedoch weist Bezüge auf zur gleichzeitigen Miniatur- und Lackmalerei, die stark von europäischen Einflüssen geprägt war.

Keramik des 16. bis 19. Jahrhunderts

Türkei – Ägypten – Nordafrika

114 SCHALE (Farbabb. s. S. 158) 13299

Türkei, Iznik, 1535-40
H 12 cm, Dm 29,5 cm, Dm Standring 14,6 cm
Erworben 1969

Feiner, weißer Scherben. Transparente, farblose Glasur, grünlich schimmernd, allseitig deckend, auch im Fußring. Bemalung in Kobaltblau und Türkis. Aus mehreren Bruchstücken zusammengesetzt. Auf niedrigem Fußring tiefe Schale mit deutlich abgesetztem Spiegel und leicht bauchig geschwungener Wandung.
Das kreisrunde, von einer feinen Doppellinie gerahmte Feld im Spiegel der Schale zeigt einen Nelkenbusch mit sieben Blüten in naturalistischer Zeichnung. Die Blüten sind vor weißen Grund gestellt, der den Konturen des Busches folgt und seinerseits auf kobaltblauem Grund aufliegt. Die Wandung füllt eine breit schwingende Wellenranke, auf der in regelmäßigen Abständen sechs Päonienblüten aufsitzen. Zwischen die Blüten sind geschwungene saz-Blätter in zwei Blau-Tönen eingefügt. Den verbleibenden Grund füllen weitere Rosettblüten und geschwungene Blätter, die den durch die sechs Blüten und Blätter vorgegebenen Rythmus aufgreifen. Eine feine Doppellinie schließt den Dekor zum Rand hin ab.
Die äußere Wandung überzieht eine umlaufende Spiralranke, in die in regelmäßigen Abständen sechs große und zwölf kleinere Rosettblüten eingestellt sind. Ranke und Blüten sind in Kobaltblau gezeichnet, türkisfarbene Details setzen farbliche Akzente. Feine blaue Linien bilden den Abschluß zum oberen Rand und zum Fuß. Um den Standring verläuft eine Wellenlinie in Weiß vor blauem Grund
Die Schale gehört zur Gruppe der von J.Raby als „Potters´ Style" klassifizierten Keramiken. Charakteristisch ist die kleinformatige, naturalistische Darstellung der Blumenmotive im Spiegel und die Verwendung vereinfachter, sich wiederholender Motive in der Wandung. Die wolkenartige Konturierung des zentralen Motives findet sich in vergleichbarer Form auch im Bereich der Buchkunst. Dort werden Wörter oder ganze Zeilen von ähnlich asymmetrischen Wolkengebilden gerahmt, die dem Verlauf der Schrift folgen.

Lit.: Frankfurt (1985), Bd. II, S. 140-43, Nr. 2/11; Atasoy/Raby (1989), S. 119, Nr. 177

115 TELLER

622

Türkei, Iznik, ca.1575
H 4,8 cm, Dm 35 cm, Dm Standring 20,8 cm
Erworben 1884

Feiner, weißer Scherben. Transparente, farblose Glasur, allseitig deckend, auch im Fußring. Bemalung in zwei Tönen Kobaltblau, Grün, Rot und Schwarz.
Flacher Teller auf weitem, niedrigen Fußring mit bauchig gewölbter Wandung und schmalem, abgesetzten Rand.
Eine feine schwarze Linie mit daran gereihten blauen Dreipässen rahmt den Spiegel. Das kreisrunde Mittelfeld füllen naturalistisch dargestellte Blüten und phantastische Pflanzenformen, die einem gemeinsamen Punkt entspringen. Es dominieren drei rote Rosenblüten, die um ein s-förmig geschwungenes saz-Blatt in Kobaltblau angeordnet sind. Das saz-Blatt ist fein gefiedert und zeigt eine dunkelblaue Binnenzeichnung und rote Blattadern, die in kalligraphischer Manier geführte, breite schwarze Linie gibt ihm Schwung und Bewegung. Die Umrisse der Blüten und Blätter werden von einer feinen schwarzen Linie nachgezeichnet. Die Wandung des Tellers ist weiß belassen und auf dem Rand sind halbierte Rosetten in Weiß mit roter Füllung vor blauem Grund gereiht. Auf der äußeren Wandung wechseln Rosettblüten und in Dreiergruppen angeordnete Tulpenblüten.
Der Dekor des Tellers vereint zwei unterschiedliche, von unterschiedlichen Künstlerpersönlichkeiten geprägte Stile: Im zweiten Viertel des 16. Jahrhunderts wirkt der gebürtige Perser Schahkulu am osmanischen Hof. Er ist der Hauptvertreter eines Stiles, der im 15. Jahrhundert im Iran als Zeichenstil entwickelt wurde und dessen wesentlichstes Merkmal die kalligraphisch kühne, schwarze Linie ist, welche die Komposition beherrrscht. Ein charakteristisches Element dieses Stiles ist das s-förmig geschwungene saz-Blatt, das sich auch im Dekor des Frankfurter Tellers wiederfindet. Dem Schüler und Nachfolger des Schahkulu, Kara-Memi, wird hingegen die Entwicklung eines neuen Naturalismus zugeschrieben, der sich in der Darstellung einer reichen Flora gefällt. Kennzeichnend für den von ihm entwickelten Stil sind die das saz-Blatt begleitenden Rosenblüten.
Anhaltspunkte für die Datierung des Tellers um 1575 liefern die flache Form mit dem mäßig breiten Rand, der Dekor des Randes mit halbierten Rosettblüten in Weiß und Rot vor blauem Grund sowie die Verwendung des um 1560 entwickelten Smaragdgrün.

Lit.: Atasoy/Raby (1989), S. 328-29, Nr. 723; Frankfurt (1985), Bd. II, S. 148, Nr. 2/21 und S. 159; Frankfurt (1987), S. 172-73
Vgl.: Atasoy/Raby (1989), S. 247, Nr. 486

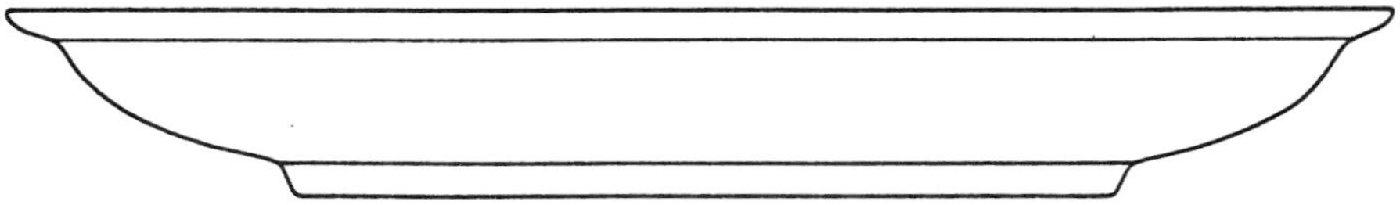

116 TELLER

624

Türkei, Iznik, ca. 1575
H 5,7 cm, Dm 29,7 cm, Dm Standring 14,4 cm
Erworben 1884

Feiner, weißer Scherben. Transparente, farblose Glasur, allseitig deckend, auch im Fußring. Bemalung in Kobaltblau, Rot, Grün und Schwarz, das Grün stellenweise in die Glasur abgeschwommen.
Auf niedrigem Fußring tiefer Teller mit bauchig geschwungener Wandung und abgesetztem, breiten Rand.
Das kreisrunde Mittelfeld, welches sich über die Innenfläche und die Wandung des Tellers erstreckt, zeigt naturalistisch dargestellte Blumen. Zwei rote Rosenblüten und zwei blaue, mit roten Punkten gefüllte Tulpenblüten sind zu einer ausgewogenen Komposition zusammengestellt. Die Blumen entspringen einem gemeinsamen Punkt und sind auf geschwungene Stengel gesetzt, aus denen die zu der jeweiligen Spezies passenden Blätter wachsen. Den verbleibenden Grund füllen weitere kleine Blüten sowie ein blau blühender Pflaumenzweig. Durch den Einsatz einer feinen schwarzen Umrißlinie wird der Kontrast zwischen dem farbigen Dekor und dem weißen Grund verstärkt, außerdem wird dadurch das Auslaufen der Farben verhindert. Um den Rand läuft ein stilisiertes Wellenmuster mit schwarzen, blau gefaßten Spiralmustern und einem mittleren Wirbel in Grün. Auf der äußeren Wandung sind im Wechsel ein Tulpenpaar und eine Rosette in Blau, mit grünen Details gereiht. Feine schwarze Linien bilden den Abschluß zum oberen Rand sowie zum Standring.

Vgl.: Atasoy/Raby (1989), S. 312, Nr. 1575; Petsopoulos (1982), S. 93, Nr. 89

117 TELLER

6365

Türkei, Iznik, ca.1580
H 5,4 cm, Dm 35,2 cm, Dm Standring 22 cm
Erworben 1927

Feiner, weißer Scherben. Transparente, farblose Glasur, allseitig deckend, auch im Fußring. Bemalung in Kobaltblau.
Flacher Teller auf weitem, niedrigen Fußring mit schmalem, abgesetzten Rand.
Der Dekor des Tellers ist sparsam und ausgewogen. Die Mitte der Innenfläche markiert eine achtstrahlige, stilisierte Kompositblüte. Um den Rand des Spiegels zieht sich eine feine Doppellinie, an der umlaufend gereihte Fünfpässe ansetzen, die nach der Tellermitte gerichtet sind. Zur Wandung hin schließt sich ein Band gereihter halbierter Rosettblüten an die Doppellinie an. Die Wandung selbst ist weiß belassen. Auf dem Rand ist ein umlaufendes Rautenmuster mit Vierpässen gefüllt. Auf der Außenseite der Wandung stehen in regelmäßigem Wechsel Wolkenbänder und Kreis-Punkt-Motive. Der Teller gehört zu einer in die zweite Hälfte des 16. Jahrhunderts zu datierende Gruppe in Blau-Weiß dekorierter Keramik. Kennzeichnend ist die kaleidoskopartig kreisende Anordnung des Dekores und die Kombination von Motiven unterschiedlicher Herkunft. Zu umlaufenden Friesen angeordnete Lotuspaneele stammen ebenso aus dem Repertoire der chinesischen Blau-Weiß-Porzellane wie das Rautenmuster auf dem Tellerrand. Sie sind hier kombiniert mit halbierten Rosetten, einem beliebten Randmotiv der Iznik-Keramiken.

Vgl.: Atasoy/Raby (1989), S. 242, Nr. 454, S. 243, Nr. 462, Nr. 468

118 TELLER

Türkei, Iznik, ca.1600
H 5,7 cm, Dm 34 cm, Dm Standring 19,7 cm
Erworben 1884

Feiner, weißer Scherben. transparente, farblose Glasur, allseitig deckend, auch im Fußring. Bemalung in Rot, Grün, Kobaltblau und Schwarz.
Auf niedrigem Standring tiefer Teller mit bauchig geschwungener Wandung und abgesetztem, breiten Rand. Die Mitte des Tellerbodens ist durch eine omphalosartige Wölbung gekennzeichnet.
Tellerboden und Wandung sind durch konzentrische Kreise in zwei Zonen gegliedert: Das grüngrundige Mittelfeld zeigt eine zentrale Rosette in Rot, die von stilisierten, weißen Wolkenballen umkreist wird. In der zweiten, kontrastierenden Musterzone rahmen zu einem Kranz gereihte, weiße Lotuspaneele das Mittelfeld. In die Lotuspaneele und in die verbleibenden Zwickel sind kleine Rosettblüten in Weiß vor rotem Grund eingefügt. Das Wellenmuster auf dem Rand ist zu einem Ornamentband stilisiert, das im Wechsel weiße liegende s-Formen und mit Spiralen gefüllte Kreise reiht. Die äußere Wandung zeigt im gewölbten Bereich im Wechsel gereiht ein dreizipfeliges Blatt und eine Rosettblüte in Blau.
Der Teller gehört zu einer Gruppe von Keramiken mit abstrakten Dekoren, die Ende des 16. Jahrhunderts gebräuchlich wurden. Kennzeichnend ist die Kombination von Motiven unterschiedlichster Form und Herkunft, die häufig zu konzentrischen, einen Mittelpunkt umkreisenden Kompositionen zusammengefaßt werden. Aus dem Formenrepertoire des chinesischen Porzellans stammt das Lotuspaneel, das hier, in die Fläche projiziert, zu einem Feldmuster wird. Die s-förmigen Wolkenballen finden sich bereits auf einem 1480 datierten Keramikleuchter. Zwischen 1580 und 1590 werden sie vor allem auf geschlossenen Formen wie Krügen und Flaschen verwendet.

Lit.: Atasoy/Raby (1989), S. 251, Nr. 518; Frankfurt (1985), S. 158, Nr. 2/41
Vgl.: Aslanapa (1965), Abb. 91; Fehervari (1973), Nr. 261, Abb. 105

119 KRUG X 15,600

Türkei, Iznik, 1590-1600
H 24,4 cm, Dm 13,9 cm, Dm Mündung 9 cm, Dm Standring 9,3 cm
Erworben 1931

Mittelfeiner, weißer Scherben. Transparente, farblose Glasur allseitig deckend, auch im Fußring. Bemalung in Kobaltblau, Rot, Grün und Schwarz.
Auf hohem, gespreizten Fußring Krug mit bauchig gewölbtem Körper, der ohne Absatz fließend in den langen, trichterförmigem Hals übergeht. Der Henkel setzt auf dem Gefäßkörper und an der Lippe an.
Der Dekor des Kruges ist in zwei Zonen gegliedert, die Gefäßkörper und -hals entsprechen. Fünf blaue Knospenformen, die weiß-rote Çintamani-Motive umschließen, sind um den Gefäßkörper gereiht. Den verbleibenden Grund darunter füllen Tulpen mit kurzem, nach rechts geschwungenem Stiel und roter Blüte. Ein weiteres, kleineres Çintamani-Motiv in Blau ist jeweils zwischen die Tulpen eingestellt. Langstielige, nach links geneigte Lilien füllen den verbleibenden Grund oberhalb der dominierenden Knospenformen. Zum Standring und zum Hals hin begrenzen schmale, mit fein schwarz gezeichneten Wiederholungsmustern gefüllte Bänder die Komposition. Auf dem Hals ist das Muster des Gefäßkörpers in verkleinertem Maßstab und vereinfacht wiederholt. Mit einer feinen schwarzen Linie gezeichnete, gereihte Spiralen bilden den Abschluß zum oberen Rand hin.
In europäischem Besitz haben sich eine Reihe nahezu identischer Krüge erhalten, die als Trinkgefäße nach Europa exportiert wurden. Einige dieser Krüge wurden dort nachträglich mit Metallmontierungen versehen, die zum Teil Meistermarken tragen und somit eine Datierung erlauben.

Vgl.: Atasoy/Raby (1989), S. 271, Nr. 597-600

120 TELLER

WMO 49

Türkei, Iznik, Anfang 17. Jh.
H 6,3 cm, Dm 31,8 cm, Dm Standring 16,9 cm
Erworben 1904

Feiner, weißer Scherben. Transparente, farblose Glasur, stellenweise grünlich bis gelblich schimmernd, allseitig deckend, auch im Fußring. Bemalung in Rot, Kobaltblau, Grün und Schwarz, das Grün ist stellenweise in die Glasur abgeschwommen. Reste von Vergoldung.
Auf niedrigem Fußring tiefer Teller mit bauchig geschwungener Wandung und abgesetztem, breiten Rand.
Das kreisrunde Mittelfeld, welches sich über Innenfläche und Wandung des Tellers erstreckt, zeigt eine von einer Blütenranke umgebene Wasserkanne. Die Kanne ist mit gespreiztem Fuß, bauchig geschwungenem Körper, Henkel, langem geschwungenen Ausguß und spitzem Deckel dargestellt. Den Gefäßkörper überziehen rumi-Arabesken in Weiß vor grünem Grund, der Ausguß ist rot angelegt. Die kreisförmig um die Kanne geschwungene Blütenranke ist im Wechsel mit einfachen blauen Rosettblüten und roten Tulpen besetzt. Um den Rand läuft ein Zick-Zack-Band aus länglich-ovalen Blättern, die Zwickel füllen im Wechsel weiße Halbrosetten vor grünem und blauem Grund. Auf Innenfläche, Wandung und Rand sind Reste der aufgelegten Vergoldung erhalten, die den farbigen Dekoren folgen. Auf der äußeren Wandung sind im Wechsel flüchtig gezeichnete Kreis-Punkt-Muster in Blau und ein Doppelkreis in Grün gereiht.
Der Dekor des Tellers greift einen Entwurf auf, der um 1590 in Iznik mehrfach verwirklicht wurde. Deutliche Parallelen sowohl in der Komposition als auch im Detail läßt ein Teller aus dem Besitz des Victoria & Albert Museum erkennen. Ein Vergleich der beiden Stücke macht allerdings auch die unterschiedliche Qualität in der Ausführung der Malerei deutlich. Die Arabesken, aber auch die Blüten des Frankfurter Stückes sind weniger fein gezeichnet und zeigen den eher folkloristischen Charakter der Iznik-Keramiken des 17. Jahrhunderts. Auch das einfache Randmuster bestätigt die Datierung in diesen Zeitraum.

Vgl.: Atasoy/Raby (1989), S. 370, Nr. 741 und S. 394, Nr. 779

121 TELLER 13186

Türkei, Iznik,17. Jh.
H 6 cm, Dm 30,4 cm, Dm Standring 15 cm
Erworben 1964

Feiner, weißer Scherben. Transparente, farblose Glasur, allseitig deckend, auch im Fußring. Bemalung in Kobaltblau, Grün und Rot. Auf niedrigem Fußring tiefer Teller mit bauchig geschwungener Wandung und abgesetztem, breiten Rand.
Innenfläche und Wandung des Tellers füllt die Figur eines springenden Hirsches. Die angewinkelten Beine und der nach rückwärts gewandte Kopf des Tieres passen sich sorgsam dem Tellerrund an. Den verbleibenden Grund füllen teils phantastische, teils naturalistisch dargestellte Blüten aus dem Dekorrepertoire der Iznik-Keramiken. Um den Rand läuft ein Zick-Zack-Band aus länglich ovalen Blättern, die Zwickel füllen im Wechsel weiße Halbrosetten vor grünem und blauem Grund. Auf der äußeren Wandung sind im Wechsel flüchtig gezeichnete Kreis-Punkt-Muster in Blau und ein Doppelkreis in Grün gereiht.
Der Dekor des Tellers ist technisch qualitätvoll ausgeführt, die Farben stehen klar und ohne zu verschwimmen vor dem sauber weißen Grund. Bemerkenswert ist die Verwendung einer feinen blauen Umrißlinie, im Gegensatz zu dem sonst üblichen Schwarz. Der Stil der Darstellung orientiert sich nicht an der gleichzeitigen Miniaturmalerei, sondern zeigt einen mehr volkstümlichen Charakter.

Lit.: Frankfurt (1974), S. 67, Nr. 174; Frankfurt (1987), S. 174-75
Vgl.: Öz (o.J.), Abb. LXXIV, Nr. 141

122 TELLER 3310

Türkei, Iznik, 1625-1650
H 6,8 cm, Dm 33 cm, Dm Standring 18,4 cm
Erworben 1899

Mittelfeiner, weißer Scherben. Transparente, farblose Glasur, allseitig deckend, auch im Fußring. Bemalung in Rot, Blau, Grün und Schwarz.
Auf niedrigem Fußring tiefer Teller mit bauchig geschwungener Wandung und abgesetztem, schrägen, breiten Rand.
Das kreisrunde Mittelfeld, welches sich über Innenfeld und Wandung des Tellers erstreckt, zeigt einen bewegten Dekor von naturalistisch gezeichneten Blüten. Den Mittelpunkt bildet ein s-förmig geschwungenes saz-Blatt in Blau, das mit einem blühenden Pflaumenzweig gefüllt ist. Um das saz-Blatt herum sind drei rote Rosenblüten, zwei rote Tulpenblüten, zwei blaue Tulpen mit roten Tupfen sowie eine blaue Lilie angeordnet. Die Blumen entspringen einem gemeinsamen Punkt, der durch ein Grasbüschel gekennzeichnet ist. Um den Rand zieht sich eine Wellenlinie, in den dadurch entstehenden Abschnitten sind im Wechsel ein halbiertes liegendes Blatt in Weiß vor grünem beziehungsweise vor blauem Grund gereiht. Auf der äußeren Wandung sind im Wechsel ein blaues, dreispitziges Blatt sowie eine grüne Rosettblüte gereiht.
Der Dekor des Tellers greift einen Entwurf auf, der im letzten Viertel des 16. Jahrhunderts in Iznik mehrfach verwirklicht wurde. Die Komposition des Dekors mit den um ein saz-Blatt angeordneten Blüten wird ebenso übernommen wie eine Reihe von Details: die rotgetupften Tulpenblüten, die verdrehten Halme des Grasbüschels, der geknickte Stiel einer Blüte. Im Vergleich zu dem früheren Beispiel wirkt die Komposition allerdings unübersichtlich und ohne Spannung. Auch die Qualität des bräunlichen Rot, des in die Glasur abgeschwommenen Grün und der schlecht haftenden Glasur hält einem Vergleich nicht stand und spricht für eine Datierung in das 17. Jahrhundert.

Vgl.: Atasoy/Raby (1989), S. 281, Nr. 640-41

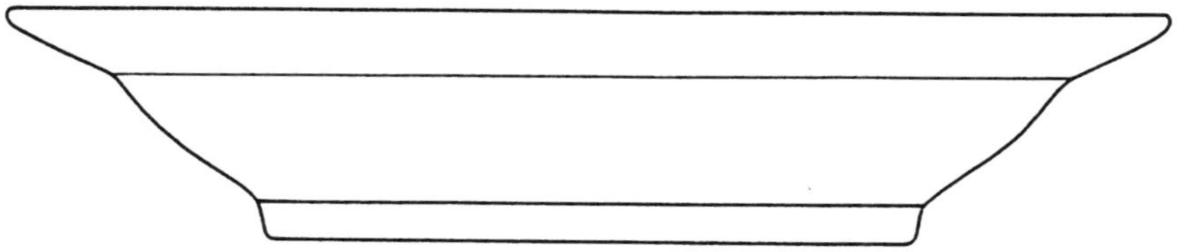

123 HUMPEN 13147

Türkei, Iznik 2.Hälfte 16. Jh.
H 20,7 cm, Dm Standring10,8 cm, Dm Mündung 9,2 cm
Erworben 1963

Mittelfeiner, weißer Scherben. Transparente, farblose Glasur, allseitig deckend, auch im Fußring. Bemalung in Kobaltblau, Rot, Grün und Schwarz. Reste von Vergoldung. Am Fuß und am Rand Ergänzungen.
Walzenförmiger, leicht konischer Krug auf innen eingezogenem Standring mit angesetztem, eckigen Griff.
Der Krug zeigt in drei Reihen übereinander und versetzt angeordnete Segelschiffe mit blau-weiß gestreiften Lateinersegeln. Den verbleibenden Grund zwischen den Schiffen füllen rot angelegte, kleine Felseninseln und blaue Dreierpunktgruppen. Zum oberen und zum unteren Rand hin bilden schmale Bänder mit halbierten weißen Rosetten vor blauem Grund den Abschluß.
Darstellungen von Segelschiffen gehören bereits in der ersten Hälfte des 16. Jahrhunderts in das Repertoire der Werkstätten von Iznik. Besonders häufig treten sie jedoch bei Dekoren aus dem letzten Viertel des 16. Jahrhunderts auf. Charakteristisch für diese späteren Stücke sind die roten Felsinseln zwischen den Schiffen. Im 18. Jahrhundert wurde der Dekor auf orientalisierenden Vasen der ersten Berliner Fayencemanufaktur kopiert.

Lit.: Frankfurt (1974), S. 67, Nr. 173, Abb. 95; Frankfurt (1985), Bd. II, S. 163, Nr. 2/46; Frankfurt (1987), S. 176-77
Vgl.: Atasoy/Raby (1989), S. 253, Nr. 528; Woldering (1961), Abb. 113

124 HUMPEN 3466

Türkei, Iznik, 2.Hälfte 16. Jh.
H 17,1 cm, Dm Standring 10,8 cm, Dm Mündung 9,2 cm
Erworben 1901

Mittelfeiner, weißer Scherben. Transparente, farblose Glasur, allseitig deckend, auch im Fußring. Bemalung in Kobaltblau, Rot, Grün und Schwarz. Kleine Fehlstellen am Rand und am Griff.
Walzenförmiger, leicht konischer Krug auf innen eingezogenem Standring mit angesetztem, eckigen Griff.
Um den Krug sind in regelmäßigem Wechsel blaublühende Hyazinthen und rotblühende Nelken gereiht. Die Stiele der Blumen sind mit elegantem Schwung leicht nach links gebogen. Den Abschluß zum oberen und zum unteren Rand hin bilden schmale Streifen, mit gereihten Spiralen gefüllt. Der Griff ist beiderseits grüngrundig angelegt und mit blau-weiß-roten Punktmustern versehen.

Lit.: Frankfurt (1985), Bd. II, S. 156, Nr. 2/37

125 KRUG X 11182

Türkei, Iznik, 17. Jh.
H 23,2 cm, Dm 13,1 cm, Dm Standring 9 cm
Erworben 1933

Feiner, hellrosafarbener Scherben. Transparente, farblose Glasur, allseitig deckend, auch im Fußring, weitmaschig gesprüngelt, stellenweise abgeplatzt. Bemalung in Rot, Grün, Kobaltblau und Schwarz.
Auf hohem, gespreizten Fußring Krug mit bauchig gewölbtem Körper, der ohne Absatz fließend in den langen, trichterförmigen Hals übergeht. Der Henkel setzt auf dem Gefäßkörper und an der Lippe an.
Der Dekor des Kruges ist in zwei Zonen gegliedert, die Gefäßkörper und -hals entsprechen. Auf dem Gefäßkörper sind im Wechsel ein aufrechtstehendes, gefiedertes Blatt und fünf flüchtig gezeichnete Blütenzweige gereiht. Schmale Streifen mit in Schwarz gezeichneten Bandmustern schließen den Dekor zum Fuß und zum Hals hin ab. Auf dem Hals wiederholt sich dasselbe Muster in vereinfachter Form. Den Abschluß zur Mündung hin bildet ein Streifen mit Spiralmustern in Schwarz.
Der Dekor der Kanne ist schwungvoll und mit geübtem Strich gezeichnet und verzichtet auf die Angabe von Details. Diese auf Schnelligkeit abzielende Malweise läßt auf eine Datierung in das 17. Jahrhundert schließen, ebenso wie die mindere Qualität in der technischen Ausführung.

126 HUMPEN X 11180

Türkei, Iznik, 17. Jh.
H 16 cm, Dm 9,5 cm
Erworben 1933

Mittelfeiner, gräulichweißer Scherben. Transparente, farblose Glasur, allseitig deckend, auch im Fußring. Bemalung in Rot, Grün, Kobaltblau und Schwarz, stellenweise in die Glaur abgeschwommen. Das Gefäß wurde oberhalb des Henkelansatzes abgeschnitten.
Walzenförmiger, leicht konischer Krug auf innen eingezogenem Standring mit angesetztem, eckigen Griff.
Der Dekor des Gefäßes ist in unterschiedlich breite, umlaufende Musterstreifen gegliedert. Über einem schmalen, in Schwarz gezeichneten Bandmuster schließt ein breiterer Streifen mit einer stark stilisierten Lotusblattbordüre an. In dem breiten Musterstreifen darüber sind weiße Blätter vor grünem Grund gereiht. Den verbleibenden Grund zwischen den Blättern füllen dreiblättrige Rosetten sowie zwei Blätter in Weiß vor Grün. In Rot und Blau gezeichnete Details geben zusätzliche farbige Akzente.

127 FLASCHE 13128

Türkei, Kütahya, 1. Hälfte18. Jh.
H 12,7 cm, Dm 8,5 cm, Dm Mündung 3,9 cm,
Dm Standring 5,7 cm
Erworben 1962

Feiner, weißer Scherben. Transparente, farblose Glasur, allseitig deckend, auch im Fußring, Bemalung in zwei Tönen Kobaltblau, Rot, Gelb, Grün, Manganviolett und Schwarz. Hals weggebrochen, Bruchstelle mit Silbermontierung gefaßt.
Auf mittelhohem Fußring Vase mit birnenförmig geschwungenem Körper und geradem, zylindrischen Hals, dessen oberer Abschnitt weggebrochen ist. Den Übergang zwischen Gefäßkörper und Hals markiert ein umlaufendes Wulstprofil.
Der Dekor der Flasche ist in zwei Zonen gegliedert, die Gefäßkörper und -hals entsprechen und durch das gelb gezeichnete Wulstprofil voneinander abgesetzt sind. Den Gefäßkörper überzieht ein Geflecht phantastischer Blüten und Blätter, das von zwei großen Kompositblüten in Blau mit roter und manganvioletter Innenzeichnung dominiert wird. Den verbleibenden Grund füllen manganfarbene und rote Blüten sowie spitzgefiederte Blätter. Um den Halsansatz ziehen sich gereihte, längsgestreifte Dreiecke. Darüber anschließend sind aufrecht stehende Stauden mit zwei abzweigenden kleinen und einer mittleren großen Blüte gezeichnet.
Ebenso wie bei den in Iznik produzierten Keramiken ist der Dekor von einer feinen, schwarzen Umrißlinie umgeben. Auch die Verwendung von zwei Tönen Kobaltblau und das pastos aufgetragene, kräftige Rot besitzen die Qualität der Iznik-Keramiken. Der zeichnerische Stil hingegen ist charakteristisch für die Werkstätten von Kütahya. Kennzeichnend ist der kleinteilige, vegetabile Dekor mit phantastischen Kompositblüten in lebhaften Farbkombinationen, aber auch Details wie die Verwendung dick aufgetragener, roter Tupfen für die Staubgefäße der Blüten.

Lit.: Frankfurt (1974), S. 68, Nr. 175, Abb. 97; Frankfurt (1985) Bd. 2, S. 166, Nr. 2/51

128 KRUG 13143

Türkei, Kütahya, 18. Jh.
H 23,5 cm, Dm 15,7 cm, Dm Mündung 8,3 cm,
Dm Standring 7,4 cm
Erworben 1963

Feiner, weißer Scherben. Transparente, farblose Glasur, allseitig deckend, auch im Fußring, durch zahlreiche türkisfarbene Farbtupfer verunreinigt. Bemalung in Rot, Grün, Kobaltblau, Manganviolett, Ockergelb und Schwarz.
Auf niedrigem Fußring Krug mit bauchig gewölbtem Körper, der weich übergeht in den schlanken, leicht ausgestellten Hals. Der Henkel mit rundem Querschnitt setzt an der Mitte des Gefäßkörpers und an der Mitte des Halses an.
Den beherrschenden Dekor des Kruges bilden drei große, gleichmäßig um den Gefäßkörper gereihte Kreisformen. Diese sind durch blaue, von dem gelb angelegten Mittelpunkt ausgehende Speichen in gleichgroße, nach außen hin bogenförmig abschließende Sektoren unterteilt. Diese füllt ein mit feiner schwarzer Linie gezeichnetes Schuppenmuster, auf das als zusätzliche Farbakzente gelbe, blaue und rote Häkchen aufgesetzt sind. Den verbleibenden Grund füllen phantastische Kompositblüten und Wirbelrosetten, die in die Zwickel unterhalb und oberhalb der Kreisformen gesetzt sind. Um den Hals zieht sich eine Wellenranke, die im Wechsel mit Wirbelrosetten und Lanzettblättern besetzt ist. Unterhalb des Griffs ist ein Seraph gezeichnet, mit geschuppten Flügeln, jedoch ohne Angabe eines Gesichtes.
Der Dekor des Kruges ist fein gezeichnet, weist jedoch gewisse Mängel auf, die auf eine Datierung in die zweite Hälfte des 18. Jahrhunderts schließen lassen: die Farben, insbesondere das Gelb, sind trübe, der Grund schmutzigweiß, die Glasur verunreinigt. Bemerkenswert ist weiterhin, daß der Dekor des Kruges nicht fertiggestellt, das Stück aber trotzdem glasiert und gebrannt wurde: An einer der großen Kreisformen sind nur vier Speichen blau ausgemalt, die restlichen sind weiß belassen, und auch der Seraph ist unvollständig.

Lit.: Frankfurt (1974), S. 68, Nr. 176, Abb. 98, Frankfurt (1985) Bd. 2, S. 171, Nr. 2/63

129 KANNE 13141

Türkei, Kütahya, 2.Hälfte 18. Jh.
H 26,7 cm, Dm 13,1 cm, Dm Mündung 3,9 cm,
Dm Standring 5,7 cm
Erworben 1963

Feiner, weißer Scherben. Transparente, gelbe Glasur, allseitig deckend, auch im Fußring, Bemalung in Kobaltblau, in die Glasur abgeschwommen, Reliefdekor. Das obere Drittel von Hals und Ausguß ist weggebrochen und ergänzt. Unter dem Fuß zwei Brandstützennarben.
Kanne auf flach ausgezogenem Fußring mit birnenförmigem Körper, der ohne Abbsatz in den schlanken Hals übergeht. Der Wulsthenkel setzt an der Mitte des Gefäßkörpers und des Halses an. Ein aus Ranken gebildetes Gitter verbindet den wenig geschwungenen, gerade nach oben geführten Ausguß mit dem Gefäßkörper.
Der in Relief gearbeitete Dekor der Kanne ist in drei übereinander angeordnete Zonen gegliedert. Ein breites Musterband, das den Gefäßkörper bis in Höhe des Henkelansatzes umzieht, zeigt gereihte, stilisierte Zypressen, die im Wechsel blau bemalt und gelb belassen sind. In den Zwickeln zwischen den Zypressen sind sieben Punkte kreisförmig angeordnet. Ein zweites, darüber anschließendes Musterband wiederholt dasselbe Motiv in vereinfachter Form. Darüber schließt eine Zone mit torquierter Kannelierung an.
Form und Dekor der Kanne orientieren sich an gleichzeitigen Metallarbeiten. Besonders deutlich zeigt dies die Form des Standringes und der kannelierte Dekor am Hals der Kanne. Die als Verstärkung dienende Verbindung von Ausguß und Gefäßkörper ist eine Eigenart der in Kütahya hergestellten Keramikkannen, die in der zweiten Hälfte des 18. Jahrhunderts entwickelt wird. Im Bereich der islamischen Keramik ist dieses Attribut sonst nicht üblich, chinesische Porzellankannen vergleichbarer Form hingegen besitzen in der Regel einen schmalen, geschwungenen Steg, der Hals und Ausguß verbindet.

Lit.: Frankfurt (1985) Bd. 2, S. 171, Nr. 2/62
Vgl.: Düsseldorf (1973), S. 285, Nr. 435; S. 290, Nr. 454

130 KANNE 13142

Türkei, Kütahya, 2.Hälfte 18. Jh.
H 25,4 cm, Dm 15 cm, Dm Mündung 8,2 cm,
Dm Standring 11 cm
Erworben 1963

Feiner, weißer Scherben. Transparente, farblose Glasur, grünlich schimmernd, dick abtropfend, allseitig deckend, auch im Fußring, Bemalung in Gelb und in Kobaltblau, in die Glasur abgeschwommen, Reliefdekor. An der Lippe eine geringfügige Ergänzung. Mehrere Brandstützennarben unter dem Fußring.
Kanne auf flach ausgezogenem Fußring mit bauchig geschwungenem Körper, der ohne Absatz übergeht in den hohen weiten Hals mit kantigem kurzen Ausguß. Unter der Lippe umlaufend ein flaches Wulstprofil. Der mehrfach geschwungene Henkel setzt an der Mitte des Gefäßkörpers und in Höhe des Wulstprofiles an.
Um den Bauch der Kanne sind große in Relief gearbeitete Tropfenformen gereiht, die jeweils drei spitzovale Blätter umschließen. Die Zwickel zwischen den Tropfenformen füllen von Zweigen eingerahmte Rosettblüten in Kobaltblau, die jedoch kaum erkennbar sind, da die Farbe stark in die Glasur abgeschwommen ist. Darüber schließt eine breite kannelierte Partie an. In den Kanneluren sind in Kobaltblau aufrecht stehende Zweige gezeichnet. Weitere Blütenzweige in verschwommener blauer Bemalung sind auf dem Ausguß und dem Henkel zu erkennen.
In der zweiten Hälfte des 18. Jahrhunderts wurden die Formen und Dekore der in Kütahya hergestellten Kannen und Krüge zunehmend komplizierter. Kennzeichnend für diese Entwicklung ist die Form des Henkels, die eckig und rund geschwungene Konturen miteinander kombiniert.

Vgl.: Carswell (1972) Bd. 2, S. 29, Fig.11; Düsseldorf (1973), S. 290, Nr. 444; S. 298, Nr. 461

131 HÄNGEZIERAT (Farbabb. s. S. 159) V 366

Türkei, Kütahya ?, 19. Jh.
H 18,3 cm, Dm 16,3 cm
Erworben 1990

Feiner, weißer Scherben. Transparente, farblose Glasur, Bemalung in Kobaltblau, Rot, Manganviolett, Grün und Schwarz. Das Grün ist durch das Übereinanderlegen von Türkis und Gelb erzielt. Aus wenigen Bruchstücken zusammengesetzt, eine Ergänzung.
Hohl gearbeiteter Hängezierat in Eiform mit zwei zur Aufhängung dienenden Öffnungen in der Längsachse.
Der Dekor zeigt in Weiß vor leuchtend kobaltblauen Grund gestellte Knotenformen. Sieben große Knoten reihen sich um die Mitte der Kugel, darüber und darunter sind je sieben weitere, kleinere Knoten angeordnet. Die kantig verschlungenen Knoten sind mit einer feinen schwarzen Umrißlinie gezeichnet und grün und manganviolett gefüllt. Kleine rote Farbtupfer setzen zusätzliche Akzente. Am oberen und am unteren Ende verlaufen von den Knoten ausgehend weiße Streifen zu den Öffnungen, die zum Aufhängen der Kugel dienten.
Der feingezeichnete Dekor aus Knotenformen greift ein Motiv der Iznik-Keramiken wieder auf, das sich in der zweiten Hälfte des 15. Jahrhunderts besonderer Beliebtheit erfreute.
Hängezierate in Eiform wurden sowohl in armenischen und griechisch-orthodoxen Kirchen als auch in Moscheen aufgehängt. Sie hingen entweder mit einer Lampe zusammen an derselben Kette oder aber alleine. Anstelle von Keramikeiern wurden bisweilen auch solche aus Holz oder aber Straußeneier verwendet. In der Hakim Oghlu Ali Pasha Moschee in Istanbul sind sie zusammen mit Glasampeln, einer Kornpuppe und zwei Miniaturpflügen an einem hölzernen Gestell befestigt. Diese Zusammenstellung läßt darauf schließen, daß die Zierkugeln hier als Fruchtbarkeitssymbol zu deuten sind.

132 FRAGMENT EINER KANNE 13144

Türkei, Kütahya, 2.Hälfte 18. Jh.
H 11,5 cm, Dm 13,1 cm, Dm Standring 9 cm
Erworben 1963

Feiner, weißer Scherben. Transparente, farblose Glasur, grünlich schimmernd. Bemalung in Rotbraun, Kobaltblau und Grün, Reliefdekor. Eine Ergänzung.
Auf niedrigem Fußring bauchiger Gefäßkörper, im oberen Bereich abgeschnitten.
Der Dekor des Fragmentes zeigt eine Kombination von Reliefdekor und Bemalung. Drei große, kreisrunde Medaillons sind in gleichmäßigem Abstand um den Gefäßkörper gereiht. Die Medaillons sind in Relief gearbeitet. Zwei zeigen einen doppelten Rand, eine schraffierte Innenfläche sowie einen zentralen Knopf. In den Bereich zwischen dem doppelten Rand ist ein Zick-Zack-Band einge-

zeichnet, das durch das Aufsetzen blauer Punkte zusätzlich akzentuiert wird. Das dritte Medaillon zeigt anstelle des schraffierten Mittelfeldes eine in Relief gearbeitete und farbig akzentuierte Rosette. Den verbleibenden Raum zwischen den Medaillons füllen versetzt gereihte, stilisierte Blattformen in Kobaltblau.
Der Dekor von schraffierten Medaillonformen mit einem mittleren, farbig betonten Knopf ist charakteristisch für die Produktion in Kütahya in der zweiten Hälfte des 18. Jahrhunderts. Dasselbe gilt für die gefingerten Blattformen, die die Zwischenräume zwischen den Medaillons füllen.

Vgl.: Carswell (1972) Bd. 2, S. 35, Fig.17, Abb. 51, Nr. 57; Rackham (1959), S. 55, Nr. 244, Abb. 97a

133 VASE 15935

Türkei, Kütahya, 19. Jh.
H 28,8 cm, Dm 18,6 cm, Dm Standring 9,8 cm
Erworben 1995

Feiner, weißer Scherben. Transparente, farblose Glasur, allseitig deckend, auch im Fußring. Bemalung in Rot, Grün, Blau, Gelb und Schwarz. Zwei Ergänzungen.
Auf niedrigem, profilierten Fußring balusterförmige Vase. Der Hals setzt über einem umlaufenden Profil an und öffnet sich zur Mündung hin trichterförmig. Der Dekor der Vase zeigt eine Kombination von Reliefdekor und Bemalung. Der gesamte Gefäßkörper ist durch acht oben und unten bogenförmig abschließende Felder gegliedert, die in Relief gearbeitet und zusätzlich in Blau und Gelb angelegt sind. In die dadurch entstehenden Abschnitte ist jeweils ein in Relief gearbeitetes Spitzoval eingestellt, das grün gerahmt ist. In die Spitzovale ist je eine Rosettblüte mit zwei Blättern eingestellt. Den Abschluß zum Hals bildet ein blau angelegtes Wulstprofil. Auf dem Hals wiederholt sich das Muster, das auch den Gefäßkörper überzieht, in vereinfachter Form.

134 SCHÄLCHEN V 450

Türkei, Istanbul, 19. Jh.
H 4,2 cm, Dm 7,8 cm, Dm Standfläche 3 cm
Erworben 1990

Feiner, hellrosafarbener Scherben. Schwarzer Anguß, poliert, Reliefdekor.
Auf gerader Standfläche kleine Schale mit erst bauchig gewölbter, dann gerade verlaufender Wandung mit leicht ausgestelltem Rand.

Vier feine Zahnschnittfriese gliedern den Dekor des Schälchens in zwei umlaufende Bänder. Das um die Mitte der Wandung umlaufende Band zeigt eine zweimal wiederholte Inschrift, die den Hersteller des Stückes nennt: „Der Pfeifenkopfhersteller Meister Ibrahim aus Tophane". Darüber schließt ein Musterband an, das gereihte stilisierte Blattformen im Wechsel mit kleinen Blütenstauden zeigt. In die Standfläche ist eine sechsblättrige Rosette eingeprägt.
Die Inschrift des Schälchens bietet einen interessanten Hinweis auf die Herkunft der gesamten im Folgenden vorgestellten Gruppe von Keramiken, die sich durch die rote beziehungsweise schwarze Farbe und den in Relief gearbeiteten und geschnittenen Dekor auszeichnet. Dasselbe Material, dieselben Dekortechniken und selbst dieselben Motive finden sich auch bei den Pfeifenköpfen aus Ton, wie sie ab dem 18. Jahrhundert in der osmanischen Türkei und in Ägypten gebräuchlich waren. Zeitgenössische Reisende bemerken, daß in Istanbul ganze Straßen mit Läden existieren, die diese tönernen Pfeifenköpfe verkaufen. Offensichtlich scheinen dieselben Werkstätten, die die Pfeifenköpfe herstellten, auch andere kleine Gegenstände, vorzugsweise Kaffeeschälchen, hergestellt zu haben. Angesichts der Tatsache, daß Tabak und Kaffee in ein und derselben Örtlichkeit – dem Kaffeehaus – konsumiert wurden, scheint dies nur verständlich.

Vgl.: München (1988), S. 154, Abb. 147

135 TINTENFASS 67 87

Türkei, Istanbul, 1867
H 5,8 cm, Dm 5,8 cm, Dm Standfläche 3 cm
Erworben 1879

Feiner, roter Scherben, poliert. Reliefdekor und Vergoldung.
Auf gerader Standfläche hochbauchig gewölbter Gefäßkörper mit flacher, nicht abgesetzter Schulter. Deckel mit nach oben hin offenem Griffknopf zum Einstellen einer Feder.
Der Dekor des kleinen Gefäßes ist bewußt sparsam eingesetzt. Um den Fuß läuft ein schmales Musterband, das einen Fries aus stilisierten Blattformen zeigt, gerahmt von einem sehr feinen Zahnschnitt. Um die Wandung sind in regelmäßigen Abständen vier Rosettblüten gereiht. Am Deckelrand wiederholt sich dasselbe Musterband, das sich um den Fuß des Tintenfasses zieht. Auf dem Deckel selbst sind fünfmal je drei stilisierte Blätter gruppiert. Der Dekor ist in Relief gearbeitet und zusätzlich vergoldet. Der verbleibende Grund ist fein golden gesprenkelt. Auf der Schulter ist ein Stempel eingedrückt, der wohl die Werkstatt bezeichnet.
Die Farbigkeit des Gefäßes und auch ein Teil der Dekorelemente wie der Fries aus stilisierten Blattformen deutet auf eine Beeinflussung durch europäische Porzellane aus der ersten Hälfte des 19. Jahrhunderts hin.

136 DREI KAFFEESCHÄLCHEN und sieben passende Ständer 15122 a-j

Ägypten, Assiut, 19. Jh.
Schälchen: H 3 cm, Dm 5 cm, Dm Standring 2 cm
Ständer: H 4,5 cm, Dm 4 cm, Dm Standfläche 2,5 cm
Erworben 1990

Feiner heller Scherben. Mit schwarzem Anguß überzogen und poliert. Geschnittener und gestempelter Dekor.
Die Schälchen weisen zwei unterschiedliche Formen auf. Ein Typus hat eine bauchig geschwungene Wandung und einen leicht ausgestellten Rand. Der zweite Typus besitzt eine erst schräg und gerade verlaufende, dann über einem Absatz leicht konkav geschwungene Wandung. Die Ständer sind in der Form einheitlich: auf bogenförmig gelappter Standfläche stehend, mit kurzem, engen Fuß und gerader Wandung.
Ein Schälchen und fünf Ständer weisen den gleichen Dekor auf. Um die Wandung zieht sich ein breites Musterband mit versetzt gereihten Rauten, die mit je vier Punkten gefüllt sind. Geschnittene Streifen grenzen das Musterband nach oben und nach unten hin ab. Zwei Ständer weisen den gleichen geschnittenen Durchbruchdekor auf. Ein breiter Musterstreifen im oberen Bereich der Wandung zeigt im Wechsel je eine Gruppe von drei Blättern und ein einzelnes, senkrecht stehendes Blatt.
Zwei Schälchen zeigen den gleichen geschnittenen Dekor von gereihten stilisierten Blüten. Ein feiner Zahnschnittfries bildet den Abschluß nach oben und unten hin.
Die Stücke gehören zu einer Gruppe von Keramiken, die gemeinsam angekauft wurden und einen alten Besitzervermerk tragen: 'Assiout, Haute Egypte'. Unter osmanischer Herrschaft war das ägyptische Assiut eines der Zentren für die Herstellung von tönernen Pfeifenköpfen. Möglicherweise wurden hier, wie auch in Istanbul, die Pfeifenköpfe und die Kaffeeschälchen von denselben Handwerkern hergestellt (Vgl.Katalog-Nr. 134).

137 KAFFEESCHALE UND STÄNDER 67,84 a/b

Türkei, 19. Jh.
Schale: H 3,8 cm, Dm 6,2 cm, Dm Standfläche 2,2 cm
Ständer: H 3,8 cm, Dm 4,5 cm, Dm Standfläche 2,2 cm
Erworben 1889

Feiner, hellbräunlicher Scherben. Geritzer und gestempelter Dekor, Vergoldung.
Die Schale steht auf gerader Standfläche und zeigt eine wenig bauchig geschwungene, am Rand leicht ausgestellte Wandung. Der Ständer ist mit gerader, am Rand bogenförmig gelappter Standfläche und wenig bauchig aufsteigender Wandung gearbeitet.
Die Wandung der Schale ist durch feine Goldstriche in zehn vertikale Felder unterteilt, die nach oben hin bogenförmig abschließen. Jeden dieser Bögen krönt eine Gruppe von drei goldenen Punkten. Um den oberen Rand verläuft ein Zackenfries in Gold. Der verbleibende Grund in den Feldern ist durch ein feines, gestempeltes Punktraster belebt. Der zugehörige Ständer weist denselben Dekor auf.

138 KAFFEESCHÄLCHEN (s. Abb. Nr. 136) 15122 k

Ägypten, Assiut, 19. Jh.
H 3,1 cm, Dm 5,8 cm, Dm Standring 2 cm
Erworben 1990

Feiner heller Scherben. Mit rotem Anguß überzogen und poliert. Geschnittener Dekor.
Auf gerader Standfläche bauchiges Schälchen mit weit ausgestelltem Rand.
Um den oberen Abschnitt des Schälchens zieht sich ein breites Musterband, das gereihte, schräg nach links ausgezogene Blattformen mit eingerollter Spitze zeigt. Nach unten hin schließt ein feiner Zahnschnitt das Muster ab, den Abschluß zum oberen Rand bilden eingeschnittene Streifen.

139 SCHALE

15122 l

Ägypten, Assiut, 19. Jh.
H 6 cm, Dm 13,5 cm
Erworben 1990

Feiner heller Scherben. Bemalung in Schwarz und Rot, poliert. Geschnittener Dekor. Aus mehreren Bruchstücken zusammengesetzt. Halbkugelförmige Schale ohne Standring oder Standfläche.
Der Dekor ist auf die äußere Wandung beschränkt. Vom Mittelpunkt der Schale ausgehend sind s-förmig geschwungene Blattformen mit eingerollter Spitze rosettenartig angeordnet. Die Blätter sind durch feine Ritzungen im Wechsel längsgestreift und gefiedert. Der verbleibende Grund zwischen den Blattformen ist abwechselnd rot und schwarz angelegt. Die Innenfläche der Schale ist undekoriert.

140 TRINKGEFÄSS

15122 m

Ägypten, Assiut, 19. Jh.
H 10,3 cm, Dm 8,7 cm, Dm Standfläche 6,5 cm
Erworben 1990

Feiner heller Scherben, poliert. Geschnittener und gestempelter Dekor.
Auf gerader Standfläche pokalartiges Trinkgefäß mit kurzem schlanken Stiel und konisch verlaufender, gerader Wandung.
Der Fuß zeigt radial angeordnete, geschnittene Streifen und einen fein bogenförmig gelappten Rand. Um die äußere Wandung zieht sich ein breiter Musterstreifen von versetzt gereihten Blattformen, oben und unten gerahmt von fein schraffierten Musterstreifen und einem Zahnschnitt. Im unteren Bereich der Wandung sind zusätzlich gestempelte herzförmige Muster umlaufend gereiht.

141 ZWEI DECKEL 15122 n-o

Ägypten, Assiut, 19. Jh.
H 14,7 cm, Dm 12 cm
H 13,4 cm, Dm 10 cm
Erworben 1990

Feiner heller Scherben. Schwarzer und roter Anguß, poliert. Geschnittener ud gestempelter Dekor.
Die beiden Deckel weisen dieselbe Form und Konstruktion auf. Sie bestehen aus drei durch Schraubgewinde miteinander verbundenen Teilen: dem eigentlichen gewölbten Deckel, einem daraufgestellten Schaft und einer vollplastisch ausgeformten Vogelfigur, die auf dem Schaft aufsitzt.
Der Deckel ist durchbrochen gearbeitet und zeigt sechs in gleichmäßigen Abständen gereihte Speichenräder. Auf dem Schaft ist ein Stempeldekor von senkrecht gereihten Fiederblättern angebracht. Die Vogelfigur ist stilisiert und zeigt keine Details.

142 GIESSGEFÄSS (o. Abb.) 68,1137

Marokko, 19.Jh
H 22,5 cm, Dm 19,5 cm, Dm Standfläche 10,5 cm
Erworben 1879

Mittelfeiner, rotbrauner Scherben. Bemalung in Gelb, Braun und Schwarz, poliert.
Bauchiges Gefäß auf gerader Standfläche. Ein breiter Wulsthenkel, der am oberen Rand ansetzt, überspannt die Breite des Gefäßes. Auf einer Seite ist unter dem Henkelansatz eine runde, kurze Ausgußtülle angebracht.
Der Dekor besteht aus schwarz gerahmten Musterfeldern, die beiderseits des Gefäßes und unterhalb der Henkelansätze angebracht sind. Die Felder sind in verschieden breite, vertikale Streifen unterteilt, die unterschiedliche, in Schwarz und Braun gezeichnete Strichmuster vor gelbem Grund zeigen. Auf dem Henkel sind zwei weitere, schmale Musterbänder angebracht.
Die Farbgebung und der Dekor des Gefäßes sind charakteristisch für die berberischen Gebrauchskeramiken, die von Frauen hergestellt werden.

143 ÖLKANNE

14860

Marokko, Fez, 19. Jh.
H 23 cm, Dm 12,6 cm, Dm Standring 7,2 cm
Erworben 1988

Mittelfeiner, bräunlicher Scherben. Transparente, grüne Glasur, geschnittener und gestempelter Dekor.
Auf innen eingezogenem Fußring Flasche mit bauchig gewölbtem Körper, der in den kurzen, engen Hals übergeht. Die Mündung ist tellerförmig ausgestellt und schließt mit einem umlaufenden Profil ab. Der Henkel setzt am oberen Gefäßkörper und an der Mündung an.
Den hauptsächlichen Dekor der Kanne bilden eng gesetzte, senkrecht verlaufende eingeschnittene Linien, die um den Gefäßkörper gereiht sind. Darüber ist umlaufend eine Reihe Rosettblüten gestempelt. Den Übergang vom Gefäßkörper zum Hals markiert ein umlaufendes Wulstprofil.
Charakteristisch für die Produktion von Fez ist die flaschengrüne Glasur des Stückes, aber auch die Form der Ölkanne folgt traditionellenVorbildern. Die „betta dazzit“ genannten Ölkrüge weisen als formale Besonderheiten die ovoide Form mit Reliefauflagen, Stempelmustern und Schraffur der Wandung auf. Diese Eigenarten sind nicht nur ästhetisch-dekorativ zu verstehen sondern auch funktionsbedingt. Die Bauchschraffur gewährleistet einen sicheren Griff der durch den fettigen Inhalt verschmutzten Oberfläche.

Vgl.: Stuttgart (1988), S. 132, Abb. 108

Baukeramik und Fliesen
Iran – Türkei – Marokko

144 GRABFLIESE 4377

Iran, 12.-13. Jh.
H 31 cm, B 20,5 cm, T 2,5 cm
Erworben 1907

Feiner, weißer Scherben. Transparente, türkisfarbene Glasur, leicht irisiert, geritzter- und Reliefdekor.
Hauptsächlicher Dekor der Fliese ist eine Gebetsnische (mihrab), die etwa zwei Drittel der Fläche einnimmt. Dünne Wülste bilden ein Rechteck, in das ein weiteres Rechteck mit kielbogenförmigem oberen Abschluß eingestellt ist. In der Nische steht eine bauchige Vase auf weitem Fuß, aus der eine Blume herauswächst, deren Blüte muschelartig geformt ist. Oberhalb der Nische und seitlich davon ist in flüchtigem kursivem Duktus eine Inschrift eingeritzt, die den Namen des Verstorbenen nennt und einen Koranvers zitiert (Transskr. u. Übers. s. Anhang).
Fliesen mit dem Motiv der Gebetsnische wurden nicht selten als Grabplatte verwendet. Einzeln oder in Paaren wurden sie am Sarkophag des Verstorbenen befestigt. Diese Gepflogenheit steht möglicherweise in Zusammenhang damit, daß der Prophet Muhammad unterhalb der Gebetsnische der Moschee von Medina beerdigt wurde.

Vgl.: Grube (1976), S. 176, Nr. 123

145 FLIESENFELD H.St.57
aus Kreuz- und Sternfliesen

Iran, Kaschan, Anfang 14. Jh.
Einzelfliese: 21 x 21 cm, H 1,5 cm
Erworben 1981

Mittelfeiner, weißer Scherben. Opake weiße und kobaltblaue Glasur. Bemalung in braun- bis goldfarbenem Lüster. Kreuzfliesen mit opaker, türkisfarbener Glasur. Reliefdekor.
Das Fliesenfeld besteht aus achtzehn Einzelfliesen, wobei zwölf achtzackige Sternfliesen mit sechs Kreuzfliesen abwechseln.
Allen Fliesen gemeinsam ist ihre leicht reliefierte Oberfläche, während die Bemalung voneinander abweicht. Bei den Sternfliesen sind zwei Gruppen zu unterscheiden: Acht Sterne zeigen in der Mitte einen nach links auffliegenden Vogel mit ausgebreiteten Schwingen, fächerartigem Schwanz und geschupptem Rumpf. Der nach oben gewandte Kopf ist von einem Federschopf bekrönt. Den Hintergrund füllen Blütenzweige, die aus einem gemeinsamen Stamm hervorwachsen. Die Darstellung ist in Reserve vor braunem Lüster-

grund ausgeführt. Ein breites Inschriftband in Reserve vor blauem Grund rahmt das Bildfeld. Die zweite Mustergruppe zeigt in der Fliesenmitte eine Blütenstaude mit einer großen Lotus- und kleineren Rosettblüten. Eine der Fliesen weicht geringfügig von diesem Schema ab, indem zwei Lotusblüten anstelle einer dargestellt sind.
Die kreuzförmigen Fliesen werden von glatten Randwülsten umzogen und sind mit reliefierten, verästelten Blattzweigen in symmetrischer Anordnung gefüllt.
Stern- und Kreuzfliesen wurden zur Verkleidung von Wandzonen in Moscheen, aber auch in Profanbauten verwendet. Der Dekor im Chinoiserie-Stil weist auf eine Entstehungszeit Ende des 13. Jahrhunderts bis Anfang des 14. Jahrhunderts. Die frühesten Beispiele ähnlicher, chinesisch beeinflußter Motive finden sich auf Lüsterfliesen, die aus Takht-i Sulaiman stammen und zwischen 1271 und 1275 datiert werden. Der Dekor aus Lotus- und Rosettblüte findet sich nahezu identisch auf einer 1328/729 datierten Fliese. Charakteristisch ist auch das Schriftband in Weiß vor blauem Grund und mit feinen Lüsterlinien gerahmt. Datierte Beispiele für diesen Dekortypus fallen in die Zeit zwischen 1226/655 bis 1328/729.

Lit.: Frankfurt (1987), S. 164-65; Frankfurt (1990), S. 50-51
Vgl.: Düsseldorf (1973), S. 108, Nr. 135; Pope (1938/39), S. 1573 ff, Abb. 723; Porter (1995), S. 54, Abb. 49 und 50; Watson (1985), S. 142, Abb. 110 und 121, Farbabb.K und M

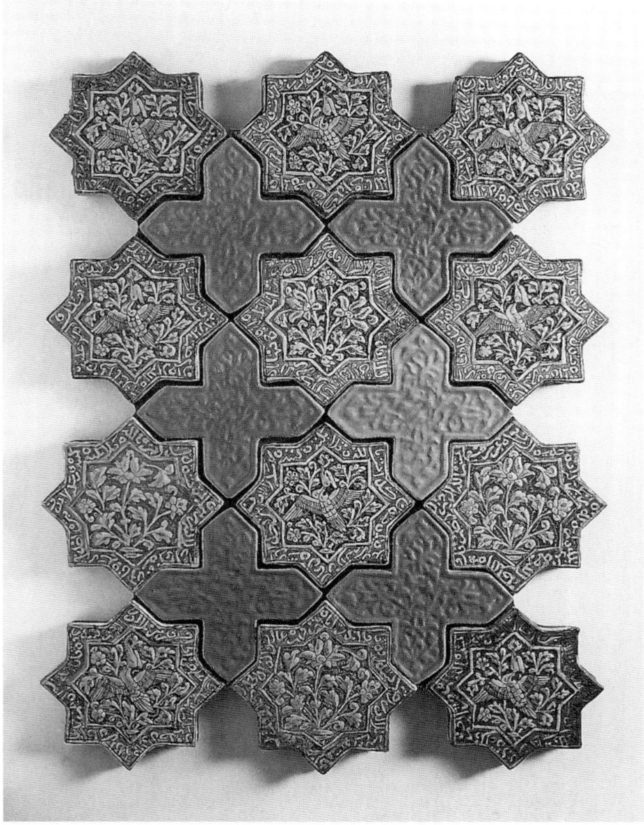

146 STERNFLIESE 15309

Iran, Kaschan, 2.Hälfte 13. Jh.
20 x 20 cm
Erworben 1991

Feiner, weißer Scherben. Opake, weiße Glasur. Bemalung in Kobaltblau und Lüster. Aus wenigen Bruchstücken zusammengesetzt, eine Ergänzung.
Wandfliese in Form eines achtstrahligen Sternes.
Der Dekor der Fliese ist rein vegetabil. Drei senkrecht übereinander angeordnete, phantastische Blüten bilden eine mittlere Achse. Beiderseits dieser Blüten sind je drei weitere angeordnet, die durch Wellenranken untereinander verbunden sind. Eine schmale blaue Linie verläuft am Rand der Fliese . Ebenfalls blau angelegte aufsteigende Ranken und Lanzettblätter fassen die drei mittleren Blüten ein.
Der Dekor ist in Reserve gearbeitet. Um den massiv lüsterfarbenen Grund aufzulockern sind feine Spiralmuster eingeritzt.

Vgl.: Watson (1985), S. 133, Abb. 110

b

147 FÜNF LÜSTERFLIESEN

2427a-b
2435
St. 72
15946

Iran, Kaschan, Ende 13.Jh
a) Inv. Nr. 2427 a-b: H 19 cm, B 40 cm
b) Inv. Nr. 2435: H 20 cm, B 28,5 cm
c) Inv. Nr. St.72: H 8 cm, B 22,5 cm
d) Inv. Nr. 15946: H 14,5 cm, B 27,5 cm
Erworben 1894

Feiner, weißer Scherben. Opake, weiße Glasur, Bemalung in Lüster, Kobaltblau und Türkis, Reliefdekor.
Die Fliesen zeigen eine Inschrift im Thuluth-Duktus, die in Relief gearbeitet und blau angelegt ist. Den Hintergrund füllen großzügig gezeichnete Spiralranken, die mit kleinen dreiblättrigen und größeren Lanzettblättern besetzt sind. Die Ranken sind in Reserve vor lüstrierten Grund gestellt. Zwei der Fliesen zeigen zusätzlich schmale erhöhte Streifen am oberen und am unteren Rand, die jeweils eine Inschrift im Naskhi-Duktus zeigen, in Lüster vor weißen Grund gestellt. Es handelt sich um Koranpassagen. Bei diesen beiden Fragmenten sind Blätter und Ranken durch wenige türkisfarbene Akzente zusätzlich farbig betont.

d

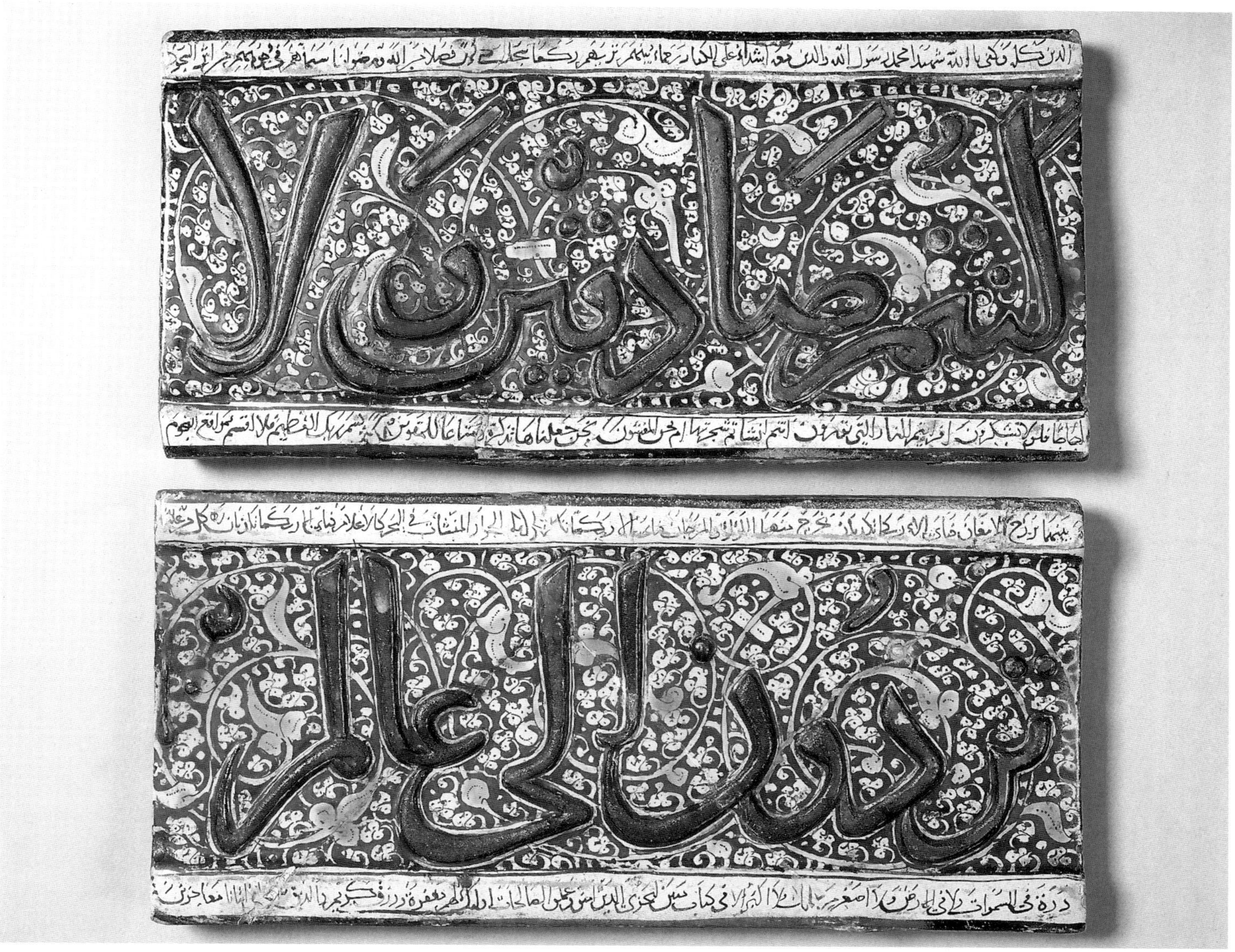

a

c

148 FLIESE 796

Iran, 13. Jh.
H 15,5 cm, B 31,5 cm
Erworben 1885

Feiner, weißer Scherben. Transparente, farblose Glasur, fein gesprüngelt. Bemalung in Kobaltblau und Türkis, Reliefdekor. Die Fliese ist nicht in voller Breite erhalten, der rechte Rand ist eine Bruchkante.
Der Dekor zeigt ein Schriftband im Thuluth-Duktus vor einem Grund aus Spiralranken. Die Schrift ist in Relief gearbeitet und blau angelegt. Die Spiralranken im Hintergrund sind ebenfalls in leichtem Relief gearbeitet und türkisfarben. Die Inschrift gibt eine Passage aus dem Thronvers wieder (Koran II, 255): „Ihn überkommt weder Übermüdung noch Schlaf".

149 FRAGMENT EINES FLIESENMOSAIKS 14597-2

Iran, 15. Jh.
H 14,3 cm, B 21 cm
Erworben 1985

Feiner weißer Scherben. Manganschwarze, weiße und türkisfarbene Glasur. Ecken teilweise abgestoßen.
Fliesenmosaik in Form eines querrechteckigen achtstrahligen Sternes.
Dargestellt ist in Weiß vor manganschwarzem Grund ein kalligraphisch gestalteter Schriftzug im Thuluth-Duktus. Als farbiger Akzent ist das Innere des arabischen Buchstabens „mim" türkisfarbig angelegt. Der Schrift zug liest sich „Ya mursil", was soviel heißt wie „Oh Gesandter" und auf den Propheten Muhammad zu beziehen ist.

150 FLIESENMOSAIK 13059

Iran, 16.-17. Jh.
H 54,5 cm, B 62 cm
Erworben 1962

Mittelfeiner, weißer Scherben. Fliesenmosaik in den Farben Türkis, Kobaltblau, Gelb, Weiß, Schwarz und Braun.
Um ein Fliesenmosaik herzustellen werden aus fertig glasierten und gebrannten Fliesen kleine, unterschiedlich geformte und farblich kontrastierende Stücke ausgeschnitten. Diese werden anschließend zu einem ineinandergreifenden Muster zusammengefügt. Diese Technik ermöglicht sowohl die Darstellung geometrischer und vegetabiler, als auch figürlicher Dekore.
Das Fliesenmosaik zeigt ein Kompositwesen, mit dem Rumpf eines Löwen, dem Oberkörper eines Mannes und einem Drachenkopf am Schwanzende. Der Oberkörper des Schützen ist nach hinten gewendet und er zielt mit seinem Pfeil auf den Drachen, der ihm das weit aufgerissene Maul zuwendet. Der Rumpf des Kompositwesens ist türkis angelegt und mit braunen Spiralranken gefüllt. Der Schütze trägt ein gepunktetes Gewand und einen kronenartigen Kopfputz. Der verbleibende Grund ist kobaltblau und zeigt einige wenige Rosettblüten sowie eine Blütenstaude. Ein schmales Band mit versetzt gereihten Halbsternen in Blau und Braun vor weißem Grund rahmt das Bildfeld.
Der Kentaur, der sich nach hinten wendet und mit dem Bogen auf den Drachen zielt, der seinem Schwanz entwächst ist die traditionelle Darstellung des Sternbildes „Schütze" oder „Sagittarius". Seit dem 12. Jahrhundert wurde dieses Motiv in vielen Bereichen der islamischen Kunst als symbolisches oder auch nur dekoratives Element dargestellt. Der menschliche Oberkörper steht für den Planeten Jupiter, der das Tierkreiszeichen Schütze als „domicilium" (Haus) beherrscht. Der Drachenschweif deutet die „exaltatio" (Erhöhung) des Schwanzes des Pseudoplaneten Dschauzahr symbolisch an.
Ein vergleichbares Fliesenmosaik befindet sich am Eingangsportal des Bazars Qaisariya in Isfahan und wird in das Jahr 1619 datiert.

Lit.: Frankfurt (1974), S. 65, Nr. 165; Stuttgart (1972), Nr. 201
Vgl.: Gierlichs (1993), S. 16

151 FLIESE

02069
H.St.25

Nordwest-Iran, Kubatschi,17. Jh.
H 18,5 cm, B 19 cm
Erworben 1969

Mittelfeiner hellrosafarbener Scherben. Transparente, farblose Glasur, weitmaschig gesprüngelt. Auf weißem Anguß Bemalung in Kobaltblau, Türkis, Rot und Schwarz. Eine Ergänzung.
Annähernd quadratische Serienfliese.
Ein geschweifter Achtpaß in Kobaltblau und Rot bildet den Rahmen für das Brustbild eines Jünglings, der im Dreiviertelprofil dargestellt ist und eine Blüte in der erhobenen Hand hält. Der junge Mann ist modisch im Stil der Zeit gekleidet und frisiert. Unter dem phantasievoll geschlungenen Turban hängen seitlich vor den Ohren je eine kunstvoll eingedrehte Locke herab. Das volle runde Gesicht zeigt einen zierlichen Mund und große mandelförmige Augen. Um das rahmende Medaillon herum sind seitlich je zwei halbierte Blüten dargestellt, die den Ansatzpunkt für die Nachbarfliesen bilden.

Lit.: Frankfurt (1974), S. 65, Nr. 167, Abb. 92; Frankfurt (1990), S. 66-67
Vgl.: Düsseldorf (1973), S. 264, Nr. 395; Lane (1957), Abb. 56

152 FLIESE

13496

Nordwest-Iran, Kubatschi, 17. Jh.
H 15 cm, B 13,5 cm
Erworben 1972

Feiner weißer Scherben. Transparente farblose Glasur, grünlich schimmernd. Bemalung in Kobaltblau, Türkis, Braun und Schwarz. Aus vier Bruchstücken zusammengesetzt.
Annähernd quadratische Einzelfliese, die aus einem größeren Bildzusammenhang herausgelöst wurde.
Die Fliese zeigt das Brustbild eines lesenden Jünglings, der im Dreiviertelprofil dargestellt ist. Die Kleidung und die Frisur entsprechen der in der vorhergehenden Katalognummer dargestellten Figur. In den Händen hält der Jüngling ein aufgeklapptes Buch, in dem er liest.

Lit.: Düsseldorf (1973), S. 263, Nr. 394

153 VIER FLIESEN H.St.26

Türkei, Iznik, Ende 17. Jh.
Einzelfliese: 25 x 25 cm
Erworben 1969

Feiner, weißer Scherben. Transparente, farblose Glasur. Bemalung in Kobaltblau und Türkis, zum Teil in die Glasur abgeschwommen. Bei den Fliesen handelt es sich um Serienfliesen, d.h. um Fliesen mit identischer Zeichnung, die zusammengesetzt ein Muster im unendlichen Rapport ergeben. In der Mitte einer Fliese steht eine große Kompositblüte, die an beiden Seiten von einer weiteren, etwas kleineren Blüte gerahmt wird. Unterhalb der mittleren Blüte ist rechts und links ein saz-Blatt eingestellt. Oberhalb der Blüte sind zwei Tulpenblüten sowie kleine Kompositblüten symmetrisch angeordnet.
Die auf kobalt- und türkisblau reduzierte Farbigkeit der Fliesen ist charakteristisch für die konservative Ästhetik, die ab Mitte des 17. Jahrhunderts die Produktion von Iznik-Fliesen prägte. Als Vorbilder dienten Fliesendekore aus der ersten Hälfte des 16. Jahrhunderts, deren technische Perfektion allerdings nicht mehr erreicht wurde. Der hier verwirklichte Mustertypus mit zentraler Kompositblüte und Fiederblatt findet sich häufig in Dekorationen aus der zweiten Hälfte des 17. Jahrhunderts. In der 1651-52 renovierten Aqsunqur-Moschee in Kairo weist ein Großteil der Serienfliesen denselben Dekor auf. Weitere Beispiele finden sich in der koptischen Kirche Deir Abu Saifein in Alt Kairo, aber auch im Haremstrakt des Topkapi-Palastes in Istanbul.

Lit.: Frankfurt (1974), S. 67, Nr. 172, Abb. 96; Frankfurt (1990), S. 72-73
Vgl.: Meinecke-Berg (1973), S. 52, Abb. XIXa

154 FLIESE

14597-38

Syrien, Ende 17. Jh.
19x19 cm
Erworben 1985

Feiner, weißer Scherben. Transparente, farblose Glasur. Bemalung in Kobaltblau und Schwarz.
Es handelt sich um eine Serienfliese. Im Zentrum des Dekors steht eine von Lanzettblättern flankierte Palmette, die diagonal in die Fliese eingestellt ist. An allen vier Seiten wird diese von je einer halbierten Palmettblüte begleitet. In den Ecken ist ansatzweise das Rankenwerk erkennbar, das die Dekorelemente miteinander verbindet.
Die Fliese gehört zu einer Gruppe von Fliesen, die sich durch denselben Dekor auszeichnen. Sie wurden erstmals von Kunsthandwerkern aus Iznik hergestellt, die Mitte des 16. Jahrhunderts in Jerusalem an der Restaurierung des Felsendoms arbeiteten. Der Dekor der Fliesen folgt den Traditionen der Werkstätten von Iznik.

Vgl.: Porter (1995), S. 104, Abb. 92

155 FLIESENBOGEN

02181 -
H. St. 68

Pakistan, Pandschab, Multan, Ende 17. Jh.
H 154,5 cm, B 227 cm
Erworben 1987

Feiner, weißer Scherben. Transparente, farblose Glasur. Bemalung in Kobaltblau und Türkis.
Der Fliesenbogen ist aus zahlreichen Einzelfliesen zusammengesetzt. Konkav geschwungene Profilfliesen bilden den rechteckigen äußeren Rahmen. Nach innen hin schließt sich das Bogenfeld an, das den Fächerbogen rahmt.
Der äußere Rahmen zeigt eine Ranke aus aufrecht stehenden Palmettblättern in Weiß und Türkis vor blauem Grund, die in der Bogenmitte gegeneinander laufen. Das Bogenfeld füllen weiße Spiralranken vor türkisfarbenem Grund, die jeweils Dreiergruppen von Rosettblüten umlaufen. Aus den Rankenstielen wachsen Fiederblätter, aus den Gelenken dreispitzige Blätter. In die Zwickel sind große birnenförmige Kartuschen eingestellt, die je drei Blüten und drei Knospen in Päonien- und Palmettenform enthalten, in Weiß vor blauen Grund gestellt. Zum Bogen hin schließt eine schmale Borte das Feld ab, die dunkelblau grundiert und mit mandelförmigen weißen Blättchen besetzt ist.

Multan gehörte von 1526 bis 1779 zum islamischen Moghulreich. In dieser Zeit entwickelte sich in der Baudekoration unter safawidischem Einfluß ein reizvoller indo-persischer Mischstil. Ab dem späten 17. Jahrhundert sind es vorwiegend florale Dekore, die sich zudem durch eine auf Türkis und Kobaltblau reduzierte Farbigkeit auszeichnen. Von besonderer Bedeutung für die stilistische Entwicklung des in Multan hergestellten Baudekors sind Moghulbauwerke in Lahore. Eine Schlüsselrolle spielt der 1637 fertiggestellte Grabbau des Moghulherrschers Dschahangir, der mit seinem Bildprogramm auf das Paradies verweist.

Lit.: Frankfurt (1990), S. 90-91
Vgl.: Stuttgart (1993), S. 178-184

156 FLIESENMOSAIK 14597-4

Marokko, Fez, 19. Jh.
44,5 x 43 cm
Erworben 1985

Feiner weißer Scherben. Fliesenmosaik in den Farben Grün, Blau, Ocker, Schwarz und Weiß.
Das Fragment eines Fliesenmosaiks zeigt den Ausschnitt aus einem komplizierten geometrischen Muster. Den Ausgangspunkt bildet ein achtstrahliger schwarzer Stern, der in einen weißen Stern eingestellt ist. Von diesem zentralen Stern ausgehend erweitert sich das Muster kaleidoskopartig und wird gerahmt von einem in Ocker ausgeführten Achteck. Die Zahl Acht, der achtstrahlige Stern und das Achteck sind das Thema, auf das der Künstler, der dieses Muster entworfen hat, seine Variationen aufbaut, und das innerhalb des Musterfeldes immer wieder auftaucht.

Vgl.: Paccard (1980), Bd. I, S. 221

157 FLIESE V 453

Iran, 19. Jh.
18 x 18 cm
Erworben 1990

Mittelfeiner hellrosafarbener Scherben. Transparente, farblose Glasur. Bemalung in Kobaltblau, Rosa, Türkis, Violett, Grün, Gelb und Schwarz. Auf der Rückseite der Fliese zwei „Anker“.
Quadratische Serienfliese.
Die Fliese zeigt ein von einem Flammenkranz gekröntes Gesicht in stark stilisierter Darstellung. Die untere Partie des Gesichts wird verdeckt durch einen Musterstreifen, so daß der Eindruck entsteht, es sei eine aufgehende Sonne dargestellt. Der Musterstreifen im unteren Abschnitt der Fliese zeigt Blütengirlanden vor rosafarbenem Grund. Das Gesicht ist umgeben von einem fünfeckigen Rahmen, der farblich abgestuft türkis- und kobaltblau angelegt ist.
Der Dekor der Fliese und die Farbgebung sind deutlich beeinflußt von chinesischen Porzellanen der „Famille rose“, die in der Wahl der Motive ihrerseits von europäischen Porzellanen beeinflußt waren. Besonders deutlich wird dies an den Blumengirlanden vor rosafarbenem Grund im unteren Abschnitt der Fliese. Das Motiv der als Gesicht dargestellten aufgehenden Sonne ist ein traditionelles Motiv der persischen Kunst, das ursprünglich immer in Verbindung mit einem Löwen dargestellt wurde und das Sternbild „Löwe“ versinnbildlichte. Im 19. Jahrhundert, unter der Herrschaft der Kadscharen-Dynastie, wird das Motiv dann zum Wappen der Herrscherfamilie und ist in dieser Funktion auf Münzen und dergleichen zu finden.

Kat. Nr. 11

Kat. Nr. 50

Kat. Nr. 52

Kat. Nr. 62

Kat. Nr. 57

Kat. Nr. 65

Kat. Nr. 67

Kat. Nr. 87

Kat. Nr. 88

Kat. Nr. 114

Kat. Nr. 131

Kat. Nr. 113

ANHANG

Transskription und Übersetzung der Inschriften

Einige Gefäße tragen umfangreichere Schriftbänder. In diesen Fällen wurden die einzelnen Bänder durchnumeriert, wobei am oberen Rand begonnen wurde. Weist eine Zeile mehrere, voneinander unabhängige Texte auf, so wurden diese ebenfalls durchnumeriert. Demzufolge bedeutet beispielsweise die Angabe 2.1: zweite Zeile, erster Vers.

Katalog-Nr. 3

*Yā ṭāliba ad-dunya wa'l-maut (*erg.: *yaṭlubuhu)*
Oh der die Welt sucht, während doch der Tod ihn sucht.

Vgl.: Ghouchani (1986), Nr. 26

Katalog-Nr. 4

Innere Wandung: *tawakkul takfā*
Vertraue (erg.: auf Gott), er genügt (Koran IV, 81).

Äußere Wandung: *tawakkul*
Vertraue!

Signatur: *bin Khaldān*

Vgl.: Ghouchani (1986), Nr. 36, Nr. 6, Nr. 110; Philon (1980), S. 297 f.

Katalog-Nr. 6

Al-Yumn
Glück!

Katalog-Nr. 8

Al-ḥurru ḥurrun wa in massahu aḍ-ḍurr
Der Freie ist auch im Unglück noch frei.

Vgl.: Ghouchani (1986), Nr. 1, Nr. 21, Nr. 35, Nr. 50, Nr. 63, Nr. 91, Nr. 109, Nr. 131

Katalog-Nr. 9

Al-ğūd min akhlāq ahl al-ğannati – salāma kull … (hier folgt ein aus einem fremden Stück ergänztes Fragment).
Freigiebigkeit zählt zu den Eigenschaften der Bewohner des Paradieses – Wohlergehen …

Vgl.: Ghouchani (1986), Nr. 3, Nr. 27, Nr. 41, Nr. 55, Nr. 68, Nr. 101, Nr. 126, Nr. 139

Katalog-Nr. 29

Al-ḥilmu awwaluhu murrun madhāqatuhu lakinna ākhirahu aḥlā min al-ᶜasali – al-ğidu aḥmadu ᶜamalin
Sich zu beschränken schmeckt zunächst bitter, doch später ist es süßer als Honig – Streben ist lobenswert.

Vgl.: Ghouchani (1986), Nr. 31, Nr. 59, Nr. 94

Katalog-Nr. 31

Bi 'l-yumn wa'l-baraka wa'd-daula wa's-sa'āda
Mit Wohlergehen und Segen und Macht und Glück.

Katalog-Nr. 35

1.1
dānī ze čerāst ay pasandide-e man
por ašk dō dīde-e setam dīde-e man
mīkešīd (oder: *mey begošāyad) ze arzū-e lab-e tō*
āb āz dohan-e mardamak- dīde-e man
Weißt Du warum, meine Auserwählte
von Tränen übervoll sind meine betrübten Augen?
Voll Sehnsucht nach deinen Lippen drängt
aus dem Schlund meiner Pupillen das Wasser.

Vgl.: Grube (1976), S. 230; Watson (1985), S. 152; Welch (1979), S. 118 und S. 122

1.2
dar … ghame-e hağr-e tō čenān … gardad
kaz andūh-e tō … delam šabī gor gardad
hağr-e tō pištar šawad khod čekonad
khūn-e mā … hağr-e īn
In Trauer über die Trennung von Dir … so sehr
daß aus Kummer um Dich mein Herz des Nachts lodert.
Mein einziger Gedanke, ach, die unwiderrufliche Trennung.
Unser Blut … diese Trennung.

2.1
'aduwwuka madhmūm bi kulli lisān
wa lau kāna min a'dā'ika al-'umrān
wa Allah šadda fī …
wa innamā kalām al-'adī ḍuriba min al-'uryān
Dein Feind ist verdammenswert, ganz und gar (eig.: in jeder Sprache)
und wär's die ganze Welt sogar
doch Gott wird stärken den …
denn das Wort des Feindes kann sogar ein Nackter (Unbewaffneter) schlagen.

2.2
negahdār bādā ğahān āferīn
behar ğā ke bāšad khodāwande-e īn
Er möge der Behüter der ganzen Schöpfung sein,
an welchem Ort er auch sei, dieser Herrscher

Vgl.: Kiani (1984), S. 74 und S. 76

Katalog-Nr. 44

1.1
goftam ke maghar kār gham khār-e man ast
… šod ke farīgh az kār-e man ast
čūn … dārī … khod
bārī gham az … ke gham khār-e man ast

Wenn die Aufgabe darin bestände, sich zur sorgen um mich
es wäre … daß (sie) frei wäre von der Mühe für mich
denn … Du … hast
drum ist der Kummer über …, daß sie Sorge fühlt für mich

1.2
entspricht 2.2 von Katalog-Nr. 35

1.3
ᶜizz, iqbāl, surūr
Macht, Wohlstand, Glück

Katalog-Nr. 45

1.1
ay bordeh delam ze dast deldārī kon
dar kar-e to ᶜām be ᶜašq hamkārī kon
dānam ke lab-e khos-e tō dādam (nadehad)
bāri zabān-e khoš marā yārī kon
Ach zeige Mitleid, nun da ich mein Herz verlor'n,
steh mir bei, durch Deine Liebe, in der Mühsal.
Weiß ich doch, daß Deine frischen Lippen mein sind,
drum in mein glückerfülltes Reden stimme ein!

1.2
alā fauqa al-gharām lanā gharām tanāḍara
gharm tarā bihi al-ḥalām (al-aḥlām)
nasīm ar-rīḥ min anfās rūḥī
ᶜalaika kamā ᶜalaiya salāma
qad qīla ṭūl al-ᶜahd wa ankatha adh-dhimām
Gibt es außer der Leidenschaft nicht noch eine Passion
die in Schönheit glänzt, ein Begehren, das Träume weckt?
Der milde Lufthauch aus dem Innersten meiner Seele,
für Dich wie für mich Wohlergehen.
Es heißt … die Dauer des Vertrages … und die Verpflichtung wird gebrochen
(diese Zeile ist nur verstümmelt wiedergegeben, eine letzte Zeile fehlt)

Vgl.: Kiani (1984), S. 74

1.3
Al-ᶜizz ad-dā'im wa'l-iqbāl az-zā'id wa'l-ᶜizz ad-dā'im wa'l-ᶜizz ad-dā'im
Ewige Macht und Wohlstand und Macht und Macht!

2.1
dūš ahwālī ze del hamīporsidam
del goft berou tama'ze tō barīdam
ze ān sūkhte del bar gardidam
tā lā gharām ānče kušad dīdam
Ich befragte mein Herz nach seinem Befinden letzte Nacht
„Geh", erwiderte es, „Du hast mich verzagen gemacht"
und so wende ich mich von diesem gebannten Herzen ab,
bis ich finde, was ich gesuchet hab.

2.2 entspricht 1.2

Katalog-Nr. 46

Al-ᶜizz wa'l-iqbāl wa'd-daula wa's-salāma wa'l-karāma
Ruhm und Reichtum und Macht und Wohlergehen und Ansehen!

Katalog-Nr. 49

1.1 und 1.2 entsprechen 1.1 und 2.1 von Katalog-Nr. 45

2.1
man khoš dar enteẓār budam hame šab
dar band-e weṣāl-e yār budam hame šab
ū bā digherī qarār mīdādaš
man bī del o bī qarār budam hame šab
In froher Erwartung war ich glücklich jede Nacht
in der Hoffnung, die Geliebte zu erlangen jede Nacht
doch sie gab dem andern den Vorzug,
drum ruhelos und toten Herzens bin ich nun jede Nacht.

2.2
alā fauqa al-gharām lanā gharām tanāḍara …
Gibt es außer der Leidenschaft nicht noch eine Passion
(Fortsetzung bzw. Neubeginn des Gedichtes auf der Außenseite)

Außenseite 1.1 entspricht 1.2 von Katalog-Nr. 45

Außenseite 1.2
Al-ᶜizz ad-dā'im wa'l-iqbāl az-zā'id wa'l-ᶜizz wa'l-ᶜizz
Ewige Macht und Wohlstand und Macht und Macht!

Katalog-Nr. 67

1.1
al-mulk al-mulk
Herrschaft, Herrschaft!

1.2
Al-ᶜizz li'-llah oder *al-ḥamdu'li'-llah*
Die Macht des Gottes – Gelobt sei Gott

Katalog-Nr. 89

yā nakon bā fīl bā nān dūstī
yā banā kon khānī dar khorad fīl
Entweder schließe keine Freundschaft mit einem Elefanten
oder baue ihm ein Haus, in dem er essen kann

Katalog-Nr. 145

bismi 'llāh ar-raḥman ar-raḥīm
Ibrahīm ibn Ḥusain yā rabb
bar ū raḥmat kon
Im Namen des barmherzigen und gnädigen Gottes
Ibrahim, Sohn des Husain, oh Herr
sei im gnädig!

qul huwa Allah aḥad
Allah as-ṣamad lam
yalid wa lam yūlad
wa lam yakun lahu
kufū aḥad
Sag: Er ist Gott, ein Einziger,
Gott, durch und durch
Er hat weder gezeugt, noch ist er gezeugt worden
Und keiner ist ihm ebenbürtig (Koran CXI)

Glossar der wichtigsten Fachausdrücke

Albarello
Aus dem arabischen „al-biram" = Keramiktopf, wurde das italienische Wort „albarello" abgeleitet. Es dient zur Bezeichnung einer keramischen Gefäßform: hohe, zylindrische Vorratskrüge mit leicht konkav geschwungener Wandung und weiter Öffnung. Ursprünglich stammt die Form aus dem Iran, von wo sie über Syrien nach Europa gelangte, wahrscheinlich im Zusammenhang mit dem Handel von Gewürzen und getrockneten Früchten.

Bolus-Rot
Reliefstark aufgetragene, rote Unterglasurfarbe, die aus einer eisenhaltigen Tonerde gewonnen wird. Das leuchtende Bolusrot wurde um 1550 von türkischen Töpfern entwickelt und gilt als das Kennzeichen der Keramik von Iznik.

Çintamani
Ein Motiv aus dem Repertoire der türkisch-osmanischen Kunst: Drei pyramidenförmig angeordnete, mit einem Punkt gefüllte Kreise, die mit Tigerstreifen kombiniert werden können. Der Ursprung des Motivs wird im türkisch-iranischen Raum angenommen.

Cuerda Seca
Aus dem Spanischen, cuerda seca = trockener Faden. Bezeichnung für eine Dekortechnik, die seit dem 11. Jahrhundert ausschließlich für Fliesen verwendet wurde. Dabei wurden die Umrisse des Musters in den ungebrannten Ton geritzt. Nach einem ersten Rohbrand füllte man die so entstandenen Linien mit Wachs oder einer Mischung aus Öl und Mangan, die Felder zwischen den Umrißlinien wurden mit Glasurfarben gefüllt. Bei dem folgenden zweiten Brand verhindern die Streifen aus Wachs oder der Manganmischung das Ineinanderlaufen der verschiedenen Glasurfarben.

Kraak-Porzellan
Chinesisches Exportporzellan der Übergangszeit (ca. 1600–1660) mit Blau-Weiß-Dekoren. Für den japanischen und den europäischen Markt wurden unterschiedliche Typen produziert. Im 17. Jahrhundert wurden die für den europäischen Markt bestimmten Kraak-Porzellane häufig von persischen Töpfern kopiert.

Kufi-Duktus
Eine der frühesten Ausprägungen der arabischen Schrift von monumentalem, feierlichem Charakter. Kennzeichnend sind eine eckige, geometrische Linienführung, lang ausgezogene Horizontalen und verhältnismäßig niedrige Vertikalen. Vor allem Korane und Texte von hohem religiösem Wert, aber auch Bauinschriften wurden häufig im Kufi-Duktus geschrieben.

Ladschwardina
Ein Typus islamischer Keramik, der sich auszeichnet durch eine dunkelblaue, zumeist opake Glasur und Aufglasurdekore in Rot, Weiß und Gold. Ladschwardina-Keramiken wurden ausschließlich im 13. Jahrhundert im Iran hergestellt.

Lotuspaneel-Motiv
Ein Dekor aus bandartig gereihten , länglichen Blättern, der häufig oberhalb des Standringes oder Fußes angebracht wurde. Das Lotuspaneel war ursprünglich ein chinesisches Motiv, das im Zuge der China-Mode ab dem 14. Jahrhundert auch im Iran gebräuchlich wurde.

Linghzi-Pilze
Motiv aus dem Repertoire des chinesischen Porzellans. Der Pilz symbolisiert Unsterblichkeit und langes Leben. In der islamischen Kunst wurden Motive wie dieses selektiv und ungeachtet ihrer symbolischen Bedeutung verwendet.

Mihrab
Nische in der Wand der Moschee, die die Kibla, die Richtung nach Mekka angibt. Der Mihrab ist im Grunde die einzige Symbolform in der Moschee und trägt von Anfang an sakralen Charakter.

Minai
Ein Typus islamischer Keramik mit weißer, türkisfarbener oder blauer Zinnglasur und einem Dekor aus Aufglasur- und Inglasurfarben. Kennzeichnend ist das durch die Kombination der verschiedenen Techniken erzielte, breite Farbspektrum von bis zu sieben unterschiedlichen Farben. Minai-Keramiken wurden ausschließlich im 12. und 13. Jahrhundert im Iran hergestellt.

Naskhi-Duktus
Naskhi ist einer der frühesten kursiven Stile der arabischen Schrift, der vor allem nach der Reform durch den Kalligraphen Ibn Muqla im 10. Jahrhundert populär wurde. Kennzeichnend sind kurze Horizontalen, annähernd gleiche Höhe der Vertikalen oberhalb und unterhalb der Grundlinie sowie volle, tiefe Kurven.

Rumi-Arabesken
Stilisierte Lanzettblätter und Knospen, die durch spiralförmige oder geschwungene Ranken miteinander verbunden sind – häufig in symmetrischen Kompositionen.

Ruyi-Szepter
Motiv aus dem Repertoire des chinesischen Porzellans. Es symbolisiert den Buddha, magische Kraft und Wohlhabenheit.

Saz-Blatt
Ein s-förmig geschwungenes, gefiedertes Blatt, das im Dekorrepertoire der türkisch-osmanischen Kunst des 16. Jahrhunderts eine große Rolle spielte. Der Begriff saz kommt in einem türkischen Epos des 14. Jahrhunderts, Dede Korkut, vor und bezeichnet dort einen wilden, von Ungeheuern und Fabelwesen bevölkerten Wald.

Seladon
Chinesische Keramik mit grünlicher Glasur, besonders berühmt ist die Ware der Song-Zeit (960–1279).

Silhouette-Ware
Ein Typus islamischer Keramik mit schwarzem Anguß, der stellenweise weggekratzt wurde, so daß der helle Scherben zum Vorschein kommt. Hierdurch entstehen schwarze „Silhouetten“ vor weißem Grund. Silhouetten-Ware wurde in der zweiten Hälfte des 12. Jahrhunderts und der ersten Hälfte des 13. Jahrhunderts im Iran hergestellt.

Thuluth-Duktus
Thuluth ist eine kursive Variante der arabischen Schrift, die bereits im 7. Jahrhundert gebräuchlich war, ihre Vollendung jedoch erst im 9. Jahrhundert erreichte. Sie wurde vor allem als ornamentale Schrift für kalligraphische Inschriften, Überschriften, Titel und Kolophone verwendet.

Bibliographie

Allan (1971): Allan, J.W., University of Oxford, Ashmolean Museum, Medieval Middle Eastern Pottery, Oxford 1971.

Arts of Islam (1976): The Arts of Islam, The arts council of Great Britain, o. O. 1976.

Atasoy/Raby (1989): Atasoy, N./ Raby, J., Iznik, The Pottery of Ottoman Turkey, Istanbul 1989.

Atil (1973): Atil, E., Ceramics from the World of Islam, Freer Gallery of Art, Washington 1973.

Ayers (1986): Ayers, J. (Hrsg.), Chinese Ceramics in the Topkapi Saray Museum Istanbul, Vol. II, London 1986.

Baer (1965): Baer, E., Sphinxes and Harpies in Medieval Islamic Art, Jerusalem 1965.

Berlin (1986): Islamische Kunst. Verborgene Schätze. Staatliche Museen Preussischer Kulturbesitz, Berlin 1986.

BMMA: Bulletin of the Metropolitan Museum of Art

Carswell (1972): Carswell, J., Kütahya tiles and pottery from the Armenian Cathedral of St. James, Jerusalem, 2 Bde., Oxford 1972.

Centlivres-Demont (1971): Centlivres-Demont, M., Une communauté de potiers en Iran. Le centre de Meybod (Yazd), Wiesbaden 1971

Christie's (1987): Christie's London, Islamic, Indian and South-East Asian Manuscripts, Miniatures and works of art, Tuesday 24 November 1987.

Crowe (1979): Crowe, Y., Persian Variations on a Chinese motif, in: Faenza 65 (1979), S. 390–394.

Crowe (1980): Crowe, Y., Aspects of Persian blue and white and China in the seventeenth century, in: TOCS, 1979–1980, S. 15–29.

Düsseldorf (1973): Hetjens Museum Düsseldorf, Islamische Keramik, Düsseldorf 1973.

E. I. (1976),: Encyclopédie de l'Islam, Nouvelle Edition, Leiden 1960 ff.

Ettinghausen (1936): Ettinghausen, R., Evidence for the identification of Kashan Pottery, in: Ars Islamica III (1936), S. 44–75.

Fehervari (1973): Fehervari, G., Islamic Pottery. A comprehensive study based on the Barlow Collection, London 1973.

Frankfurt (1956): Erwerbungen 1949–1956, Museum für Kunsthandwerk Frankfurt 1956.

Frankfurt (1966): Museum für Kunsthandwerk Frankfurt am Main, Ausstellung der Dauerleihgaben des Mitteldeutschen Kunstgewerbevereins e.V., Frankfurt 1966.

Frankfurt (1974): Neuerwerbungen 1956–1974, Museum für Kunsthandwerk Frankfurt 1974.

Frankfurt (1985): Türkische Kunst und Kultur aus Osmanischer Zeit, 2 Bde., Frankfurt 1985.

Ghouchani (1986): Ghouchani, A., Inscriptions on Nishbur Pottery, Tehran 1986.

Gierlichs (1993): Gierlichs, J., Drache-Phoenix-Doppeladler. Fabelwesen in der islamischen Kunst, Museum für Islamische Kunst, Staatliche Museen zu Berlin-Preußischer Kulturbesitz, Berlin 1993.

Grube (1963): Grube, E., Raqqa-Keramik in der Sammlung des Metropolitan Museum in New York, in: Kunst des Orients 4 (1963), S. 42–78.

Grube (1966): Grube, E. J., Islamic Sculpture. Ceramic Figurines, in: Oriental Art 12 (1966), S. 165–175.

Grube (1976): Grube, E. J., Islamic Pottery of the Eighth to the fifteenth Century in the Keir Collection, London 1976.

Hamburg (1993): Haase, C. P., Kröger, J., Lienert, U. (Hrsg.), Morgenländische Pracht. Islamische Kunst aus deutschem Privatbesitz, Museum für Kunst und Gewerbe Hamburg, 1993.

Hannover (1991): Niewöhner, E., Islamische Kunst, Kestner Museum Hannover, Hannover 1991.

Kiani (1984): Kiani, M. Y., The Islamic City of Gurgan, Archäologische Mitteilungen aus Iran, Ergänzungsband II, Berlin 1984.

Kühnel (1963): Kühnel, E., Islamische Kleinkunst, Braunschweig 1963.

Kunstgewerbeverein (1959): Mitteilungsblatt Mitteldeutscher Kunstgewerbeverein e.V., Polytechnische Gesellschaft, 1959.

Kuwait (1990): Masterpieces of Islamic Art in the Hermitage Museum, Dar al-athar-al-Islamiyya, Kuwait 1990.

Lane (1947): Lane, A., Early Islamic Pottery, London 1947.

Lane (1957): Lane, A., Later Islamic Pottery, London 1957.

Meinecke-Berg (1973): Meinecke-Berg, V., Die osmanische Fliesendekoration der Aqsunqur-Moschee in Kairo. Zur Entwicklung der Iznik-Fliesen des 17. Jahrhunderts, in: Mitteilungen des Deutschen Archäologischen Institutes, Abteilung Kairo, 29/1 (1973), S. 39–62.

Melikian-Chirvani (1982): Melikian-Chirvani, A. S., Islamic Metalwork from the Iranian World, 8th–18th centuries, London 1982.

München (1988): P.W.Schienerl (Hrsg.), Diplomaten und Wesire. Krieg und Frieden im Spiegel türkischen Kunsthandwerks, Staatliches Museum für Völkerkunde München, 1988.

München (1910): F. Sarre/F. R. Martin (Hrsg.), Meisterwerke muhammedanischer Kunst, München 1912.

Öz (o. J.): Öz, T., Turkish Ceramics, Turkish Press, Broadcasting and Tourist Department, Ankara o. J..

Paccard (1980): Paccard, A., Le Maroc et l'artisanat traditionnel islamique dans l'architecture, 2 Bde., Saint Jorioz 1980.

Paris (1977): L'Islam dans les Collections Nationales, Paris 1977.

Philon (1985): Philon, H., Stems, Leaves and Water-Weeds: Underglaze-Painted Pottery in Syria and Egypt, in: Raby, J.(Hrsg.), The Art of Syria and the Jazira 1110–1250, Oxford Studies in Islamic Art I, Oxford 1985.

Pope (1964-65): Pope, A. U. (Hrsg.), A Survey of Persian Art. From Prehistoric Times to the Present. London/New York 1964-65.

Pope (1956): Pope, J. A., Chinese Porcelains from the Ardebil Shrine, Washington 1956.

Porter (1981): Porter, V., Medieval Syrian Pottery, Ashmolean Museum Oxford 1981.

Porter (1995): Porter, V., Islamic Tiles, British Museum Press, London 1995.

Raby (1985): Raby, J. (Hrsg.), The Art of Syria and the Jazira 1110-1250, Oxford Studies in Islamic Art I, Oxford 1985.

Rackham (1959): Rackham, B., Islamic Pottery and Italian Maiolica, London 1959.

Rapoport (1975): Rapoport, I., Ob odnoy gruppe iranskikh fayansovykh butiley, in: Soobcheniya Gosudarstvennogo Eremitazha XL (1975), Leningrad.

Reitlinger (1944): Reitlinger, G., Sultanabad. Classification and Chronology, in: TOCS, 20, 1944–1945, S. 25–34.

Rogers (1983): Rogers, J. M., Islamic Art and Design 1500–1700, London 1983

Soustiel (1985): Soustiel, A., La céramique islamique, Paris 1985.

SPA = Pope 1964-65.

Städel (1993): Städel Jahrbuch, Neue Folge Band 14, München 1993.

Stuttgart (1972): Linden-Museum Stuttgart, Das Tier in der Kunst Irans, Stuttgart 1972.

Stuttgart (1988): Hakenjos, B., Marokkanische Keramik, Hetjens Museum Düsseldorf/ Linden Museum Stuttgart, Stuttgart 1988.

Stuttgart (1993): H. Forkl, J. Kalter, T. Leisten, M. Pavaloi (Hrsg.), Die Gärten des Islam, Stuttgart 1993.

TOCS: Transactions of the Oriental Ceramic Society.

Vickers (1985): Vickers, M. (Hrsg.), Pots & Pans, A Colloquium on Precious Metals and Ceramics in the Muslim, Chinese and Graeco-Roman Worlds, Oxford 1985.

Watson (1985): Watson, O., Persian Lustre Ware, London 1985.

Watson (1988): Watson, O., Ceramics, in: Robinson, B.W.(Hrsg.), Islamic Art in the Keir Collection, London 1988.

Welch (1979): Welch, A., Calligraphy in the Arts of the Muslim World, Asia House Gallery, New York 1979.

Wilkinson (1973): Wilkinson, C. K., Nishapur: Pottery of the Early Islamic Period, New York 1973.

Woldering (1961): Woldering, I. Meisterwerke des Kestner-Museums zu Hannover, Honnef Rh. 1961.